Bernhard Stöger

Anleitung zum Studium der theoretischen Philosophie

für seine Zuhörer in Privatstunden - Metaphysik

Bernhard Stöger

Anleitung zum Studium der theoretischen Philosophie
für seine Zuhörer in Privatstunden - Metaphysik

ISBN/EAN: 9783744629904

Hergestellt in Europa, USA, Kanada, Australien, Japan

Cover: Foto ©ninafisch / pixelio.de

Weitere Bücher finden Sie auf **www.hansebooks.com**

Bernard Stögers,

Benedictiners aus Oberalteich d. Z. an der hohen Schule zu Salzburg der Logik, und Metaphysik ordentl. Lehrers, und der phil. Facultät Dekans

Anleitung

zum Studium

der

theoretischen Philosophie

für

seine Zuhörer vorzüglich bestimmt.

———

Zweyter Theil

Metaphysik.

———

Salzburg

gedruckt, und im Verlage bey Franz Xav. Duyle.

1791.

Αρισιππος ἐρωτηθεις, τινα ἐςιν, ἃ δει τους
καλους παιδας μανθανειν; ἐΦη οἱς ανδρες
γενομενοι χρησονται.

Diog. Laert. L. II. c. 8. n. 4

Vorrede.

So groß heut zu Tage die Menge von Schriften metaphysischen Innhalts ist, so gehören doch die metaphysischen Lehrbücher noch immer unter die seltneren Erscheinungen. Die Ursache mag hievon seyn, welche sie immer wolle: so kann es doch für den wirklichen Lehrer nicht gleich-gültig seyn, ob er einen, seinem eigenen Ideen-gange sowohl, als den Bedürfnissen seiner Zuhörer angemessenen Leitfaden vor sich habe, nach wel-chem er seinen Vortrag einrichte, oder nicht habe. Ohne irgend einem schon vorhandenen Vorlesbuche etwas von seinem Werthe nehmen zu wollen, sage ich nur, daß ich keines derselben für mich in allem Betrachte brauchbar fand. Vorzüglich mißfiel es mir, daß in den meisten von Kants Reformen entweder gar keine Meldung gemacht, oder jeder kantische Satz als unumstößliche Wahr-heit ausposaunet wird. Von einem Systeme ganz schweigen, das die Aufmerksamkeit aller Philoso-phen Deutschlands auf sich gezogen hat, scheint mir eben so unanständig, als es dem Charakter

)(2   des

Vorrede.

des Wahrheitsfreundes entgegen ist, wider seine
Ueberzeugung in den Modeton zu stimmen. Ich
bestrebte mich, bey diesem Versuche eines sowohl
als das andere zu vermeiden, und auf diese Weise
glaube ich, meinen Zuhörern, auf deren Nutzen
ich vorzüglich sah, nicht den unwichtigsten Dienst
geleistet zu haben.

Die Materien, von denen hier gehandelt
wird, zeigt der gleichfolgende, ausführliche Innhalt. Soll ich hie und da die Sache noch nicht
aus dem gehörigen Gesichtspuncte gesehen — sollen
mich Vorurtheile, Irrthum u. dergl. geblendet haben, so bitte ich um Zurechtweisung, und ich werde
dem Wahrheitsfreunde, der mich des Besseren be-
lehret, mit der Aufrichtigkeit danken, mit der ich
jetzt jenen würdigen Männern meinen Dank bringe,
aus deren Schriften ich bey Bearbeitung dieses
Werkchens geschöpfet habe.

Salzburg, den 2ten Aug. 1791.

Inn-

Innhalt.

Vorbericht zur Metaphysik überhaupt.

Erster Theil.

Ontologie.

Erstes

Innhalt.

Erstes Hauptstück.

Vom Dinge an, und für sich betrachtet.

Erster Abschnitt.

Höchste Bestimmungen des allgemeinen Begriffes von einem Dinge.

II.

Innhalt.

II. Wirklichkeit.

Zweyter Abschnitt.
Allgemeine Eigenschaften.

· Innhalt.

Zweytes Hauptstück.

Von dem Dinge in Vergleichung mit andern betrachtet.

Erster Abschnitt.

Verhältnißbegriffe nach den Merkmalen.

Innhalt.

Drittes

Innhalt.

Drittes Hauptstück.

Von dem Dinge in Verbindung mit andern betrachtet.

Innhalt.

Zweyter Theil.

Monadologie und Somatologie.

Erstes Hauptstück.

Monadologie.

Erster Abschnitt.

Elementarlehre.

Innhalt.

Innhalt.

Innhalt.

Dritter Theil.
Cosmologie.

Druck-

Druckfehler.

Seite	Zeile	Statt	Lies
25	14	Uebereinstimmung	Nichtübereistim- mung.
64	15	aequalitas	similitudo
109	17	innnern	innerer
136	13	Zusam.nenhange	setze hinzu der Dinge
144	4	obiecto	subiecto
148	12	nach allemal	setze hinzu eine
149	10	nach aus	setze hinzu der
153	25	individuele	individuell
168	10	je	in
—	11	in	je
205	7	nach und daß	setze hinzu zweytens
219	10	annehmbar	wahrnehmbar
—	11	einer Regel geht	geht nach einer Regel

Vorbericht
Zur Metaphysik überhaupt.

§. 1.

Etymologische Entwicklung des Nahmens Metaphysik.

Metaphysik — ein griechischer Nahme ist aus dem Vorworte μετα, und dem Nennworte Φυσικη, wozu das επιςημη zu denken ist, zusammengesetzt. Dieses bezeichnet Studium — Wissenschaft der Natur; jenes kann sowohl nach, als über ausdrücken. Also Metaphysik — spätere oder höhere Physik? Ja, eines, und das andere: aber ein jedes im gehörigen Verstande. Spätere Physik in Rücksicht auf Erfindung; höhere Physik in Rücksicht auf die Allgemeinheit der Lehren. Gleichwie sich die Metaphysik in diesem Bezuge über die Physik erhöhet, so folget sie in jenem auf die Physik.

An=

Anmerk. Der Nahme Metaphysik ist viel jünger, als die Wissenschaft selbst. Diese wurde schon von dem Aristoteles wenigstens gegründet: jener aber ward ihr erst nach Verlauf vieler Jahrhunderte beygelegt. Alexander der Aphrodite, der zu Ende des zweyten Jahrhundertes nach C. G. lebte, war, wie es heißt, der erste, der sich dieser Benennung bediente. Andronikus aber aus Rhodus, ein Zeitgenosse Cicero's scheint sie veranlasset zu haben. S. Jac. Bruckeri Hist. criti Phil. T. I. p. 789. T. II. p. 450.

§. 2.

Metaphysik nach ihrem gewöhnlichen Begriffe.

Schon von ihrem Entstehen an scheint die Metaphysik, oder vielmehr das, was man mit der Zeit Metaphysik nannte, bestimmt gewesen zu seyn, nicht eine einzelne Wissenschaft, sondern die Summe von mehreren in sich zu fassen. Dieses lag schon in dem Plane ihres ersten Urhebers. Seiner Absicht gemäß mußten die Ontologie, die Psychologie, und die Theologie Theile desjenigen Systemes werden, das er aufzuführen gedachte. Seine Nachfolger benutzten diesen Gedanken, und Metaphysik ward ihnen von jeher der Befassungsnahme dieser drey unter sich verbundenen Wissenschaften.... Wolf vermehrte sie endlich mit der Kosmologie, und seit dieser Zeit erschien

schien beynahe kein philosophisches Kompen-
dium mehr, in dem nicht diese vier Wissenschaften, da mehr, dort minder weitschwei-
fig behandelt, als eben so viele Bestandtheile der Metaphysik vorgetragen wurden.

§. 3.
Beurtheilung dieses Begriffes.

Ich zweifle sehr, ob man die Metaphysik — genommen als Befassungsnahme
der im vorherg. §. angeführten Wissenschaften jemals auf eine Art erklären könne, wodurch etwas einförmiges, und eigenes aus-
gedrucket, und dem Kenner, und Sachfor-
scher Genüge geleistet würde. Sowohl die
Absicht, die man dieser Wissenschaft zumu-
thet, als die Gegenstände, auf die man sie
ausdehnet, und die Art, nach welcher diese Gegenstände zu behandeln sind, scheinen
mir es unthunlich zu machen.

a) Die Absicht. Man mache zur Absicht
   der Metaphysik, was man immer wolle — man lasse sie die Vorbereitungs-
   wissenschaft zu einer gründlichen Got-
   teslehre seyn; oder man gebe ihr zum
   Zwecke die dunkeln, und finstern Begriffe, die wir vom Sachwesen der
   Dinge haben, aufzulichten; oder ihr

A 2   Ziel

Ziel sey, die schlechterdings nothwendi=
gen Vernunftwahrheiten vorzutragen:
niemals wird sich mit dem gewöhnli=
chen Begriffe jene Vollständigkeit, und
Genauigkeit vereinbaren lassen, die man
bey einer richtigen Erklärung mit allem
Rechte fodert, und die sie, wenn sie
giltig seyn soll, nothwendig haben muß.
(S. Log. §. 81.) Im ersten, und
zweyten Falle können auch andere Wis=
senschaften, die man bisher der Meta=
physik noch nicht einverleibet hat, auf
solche Absicht Anspruch machen; und
im dritten Falle können unmöglich die
ganze Psychologie, und viele andere
Sätze, die weiter nichts, als allgemei=
ne analogische Erfahrungen sind, dazu
gezogen werden.

b) Die Gegenstände. Wie verschie=
schieden, oder vielmehr wie kontrasti=
rend sind sie nicht — die Gegenstände,
womit sich eine jede der oben angeführ=
ten Wissenschaften einzeln, und für sich;
die Metaphysik aber überhaupts, und
im ganzen beschäftigen soll? Während
die eine, und die andere mit Betrach=
tung der allgemeinsten, oder sehr all=
gemeiner Begriffe sich abgiebt, haben
es die dritte, und vierte mit einzelnen,

ja

ja wohl gar mit dem einzigsten, und individuelsten aller Gegenstände zu thun. Diese beschäftigen sich mit wirklichen Objecten, da indessen jene — unbekümmert um die Wirklichkeit einzig, und allein auf die Möglichkeit sehen. Sollte es auf diese Weise nicht erlaubt seyn, z. B. die Lehre von dem menschlichen Körper, von den Trieben der unvernünftigen Thiere, und Gott weiß, was noch für Theile der menschlichen Erkenntniß in eine Wissenschaft aufzunehmen, die nur da zu seyn scheint, um durchaus heterogene Theile in ein Ganzes, und wie sich von selbst verstehet, in ein harmonisches Ganzes zusammen zu schmelzen?

c) **Die Art der Betrachtung.** Nach Verschiedenheit der Gegenstände, die man bisher zur Metaphysik rechnete, war die Behandlungsart derselben verschieden — anders in diesem, anders in einem andern Theile: und sie mußte so seyn, weil man sich bald um Möglichkeiten balgte, bald um das, was wirklich ist, zankte. Hier mußte man Erfahrungen, dort Begriffe unmittelbar zum Grunde legen — einmal *a posteriori*, das anderemal *a priori* gehen. Man

Man muß also von dem gewöhnlichen Schulbegriffe abweichen, oder der Hoffnung entsagen, je eine Erklärung der Metaphysik aufzufinden, wodurch etwas eigenes, und einförmiges ausgedrücket, und der Begriff, wie es sich gebührt, individualisirt würde. Lassen Sie uns einen Versuch machen.

§. 4.
Vorschlag zu einem bestimmtern Begriff.

Sollte die Metaphysik in Absicht auf Philosophie überhaupt nicht ungefähr eben das seyn können, was die allgemeine praktische Philosophie in Ansehung der übrigen Theile dieses philosophischen Zweiges ist? — Es ist dieses ein Gedanke, wovon ich vorhersehe, daß es vielen mißfallen wird, daß ich ihn heut zu Tage noch denken mag. Dafür kann ich nicht — so wenig, als es meine Schuld ist, daß ich nach vielem Prüfen, und Wiederprüfen von der Richtigkeit des kantischen Systemes noch nicht überzeuget bin.

Lassen wir einem jeden seine Freyheit im Denken, und untersuchen wir, wie sich die allgemeine praktische Philosophie zur übrigen Moralphilosophie verhalte, was sie leiste, und ob nicht die Philosophie überhaupt betrach-

betrachtet ſich ähnliche Dienſte von der Metaphyſik verſprechen könne, dürfe, ſolle.

Die Bemühungen derer, die ſich mit Bearbeitung der allgemeinen praktiſchen Philoſophie beſchäftigten, giengen immer dahin, die erſten Grundbegriffe zu entwickeln, in welche ſich die Regeln des moraliſchen Verhaltens auflöſen; allgemeine Grundſätze aufzuſtellen, welche andern minder allgemeinen und der praktiſchen Anwendung näher liegenden, die in den beſondern Theilen vorkommen, zur Stütze, und Beleuchtung dienen; endlich weil es Zweck der praktiſchen Philoſophie iſt, durch Lenkung des Begehrungsvermögens die Glückſeligkeit zu befördern, alles dasjenige auszumerzen, was in Bezug auf jenen Hauptpunct unnütz, oder hinderlich zu ſeyn ſchien. Dergleichen ſind zu übertriebene Grübeleyen, leere Wortgezänke, zu viele Kunſtſprache u. ſ. f. Um ſich davon zu überzeugen leſe man Hrn Prof. Schelle's Einleitung in die praktiſche Philoſophie S. 1—19.

Nun was hindert es, eine Wiſſenſchaft ſich zu denken, die in Abſicht auf Philoſophie überhaupt eben dasjenige leiſte, was in Bezug auf einen einzelnen Zweig derſelben die allgemeine praktiſche Philoſophie leiſten konnte, te, und wirklich geleiſtet hat? — Und dieſe Wiſſenſchaft nenne ich Metaphyſik. Sie muß alſo — die Metaphyſik jene Leitbegriffe erörtern, und bis an ihre Quelle hinführen, welche die Maſſe der geſammten Menſchenerkenntniß zuſammenhalten; ſie muß Grundſätze aufſtellen, an welchen jede Wahrheit, wie Gold im Feuer ſich prüfen läßt; ſie muß, ohne mit leeren Worten zu ſpielen, ohne durch übertriebene Kunſtſprache den ſchlichten Menſchenverſtand zu verwirren, und ohne mit geträumter Allwiſſerei zu prahlen, überall viel brauchbares, überall ſolche Dinge, die auch außer der Schule taugen, vortragen.

§. 5.
Fortſetznng.

Dieſem nach alſo iſt die Metaphyſik die Wiſſenſchaft der erſten Erkenntnißgründe in der philoſophiſchen Erkenntniß (Log. §. 4.) der Dinge. Die ganze Wiſſenſchaft zerfällt in drey Haupttheile, wovon der erſte die allgemeinſten, und abſtrakteſten Prädikate der Dinge; der zweyte die vorzüglichſten Gattungen derſelben; der dritte das Univerſum überhaupt genommen betrachtet. Der erſte dieſer Theile heißt Ontologie; zum zweyten gehören die Sommatologie, und

und die Monadologie; der dritte trägt
den Nahmen Kosmologie.

Bey dieſer Art die Metaphyſik zu behandeln ſoll vorzüglich darauf Rückſicht genommen werden, a) daß die einfachen Begriffe — der Stoff aller übrigen Kenntniß
in ihrer Quelle aufgeſucht, genau entwickelt,
und überall, ſo viel ſich nur thun läßt,
deutlich gemacht werden: b) daß man von
dieſen einfachen Theilen menſchlicher Erkenntniß allmählich zu zuſammengeſetzteren Begrif-
ſen fortſchreite, um auf dieſe Weiſe den
Weg zu Allgemeinſätzen ſich zu bahnen, worauf man individuelere Kenntniſſe mit Zuverſicht gründen darf, c) daß man endlich ſorg-
fältig verhüte, daß nirgendswo unmögliche,
und widerſprechende Kombinationen mit unterlaufen. Der Beweis der innern Möglichkeit bleibt alſo immer einer der vorzüglichſten Punkte, die man nie aus dem Ge-
ſichtskreiſe verlieren darf.

Anmerk. „Aber nach dieſem Plane fallen die geſamm-
te Pſychologie, und die rationale Theologie — Theile, die ſich durch die Erhabenheit der Gegenſtände,
von denen ſie handeln, und durch ihren ausgebrei-
teten Nutzen, den ſie verſchaffen, vor allen andern
empfehlen, gänzlich weg?„ — Ja; ſie fallen weg,
als Theile der Metaphyſik, worin ſie nicht Platz
finden: bleiben aber als Theile der Philoſophie, als
beſon-

besondere Wissenschaften, als Lehrgegenstände, womit der Jüngling, der sich dem Studium der Philosophie widmet, noch im ersten Jahre seines philosophischen Kursus bekannt gemacht werden soll. Nach meinem Plane soll der studierende Jüngling nichts verlieren, sondern er soll dabey gewinnen. Bey der Menge der Vorlesestunden, die man bisher dem Vortrage der Logik, und der Metaphysik einräumte, ist es nicht nur — der Gründlichkeit unbeschadet, möglich, sondern in vieler Rücksicht auch rathsam, über Gegenstände sich zu verbreiten, die der Fassungskraft der gewöhnlichen Zuhörer angemessen, für jede ihrer künftigen Lagen nützlich, und dem angenommenen Schulplane nicht entgegen sind. Und diese Gegenstände, die ich zum Gebrauche meiner Vorlesungen in eben so vielen Theilen bearbeiten werde, sind Anthropologie — Lehre vom Menschen überhaupt; und rationále Theologie — Betrachtung der vorzüglichsten Wahrheiten der Religion. Auf diese Weise, dächte ich, wäre das, was ich von einer Seite sparsam nehme, auf der andern reichlich wieder ersetzt.

§. 6.
Werth der Metaphysik.

Wenn die Metaphysik leistet, was man von ihr vermöge des Begriffes zu erwarten berechtiget ist; wenn sie die ersten Erkenntnißgründe menschlicher Erkenntniß richtig angiebt, die Begriffe bis in ihre Quelle se zurückführt, und dieselben genau entwickelt; wenn sie Grundsätze aufstellet, die unserm Gedankensystem Festigkeit, und Haltung geben; und wenn sie endlich die Gränzen unsers Wissen- und Nichtwissenkönnens überall genau bezeichtet: wer sollte zweifeln, daß sie nicht eine überaus nützliche Wissenschaft seyn sollte? Ihr Einfluß, ihr wohlthätiges Licht wird sich nicht nur über die gesammte Philosophie, sondern gewisser Maßen über die ganze menschliche Erkenntniß — über jede andere Wissenschaft verbreiten.

Aber wenn die Metaphysik so viele, und so richtige Vortheile gewährt, woher die so allgemeine Verachtung, daß selbst der Nahme eines Metaphysikers nicht ohne ein gewisses Lächeln gehört wird? — Eine Wißsenschaft verachten, hinschimpfen auf dieselbe, ihrer spotten, ist nicht immer ein Beweis, daß sie wirklich nichts tauge. Dieses alles kömmt nur zu oft von Unwissenheit her; wird als Mittel gebraucht, Ignoranz zu bemänteln. Und bey den schiefen Urtheilen, die man über die Metaphysik fällt, scheint dieses öfters der Fall zu seyn. Das tiefe gründliche Denken, der ernsthafte Gang der Metaphysik ist für die Gemächlichkeit vieler zu unbehaglich. Man findet es also bequemer, darüber sich lustig zu machen als
sie

sie zu studieren. Darum muß die genaue
Entwickelung der Begriffe für unnütze De-
finitionsdrechselei gelten, und der geschlosse-
ne Ideengang mit dem Aufmarsch schwerer
Kavallerie sich vergleichen lassen u. s. w.
Doch nicht immer ist dieses die Ursache,
warum man die Metaphysik so weit herab-
setzet. Man will bey den Metaphysikern
selbst — in der Art, wie sie ihre Wissenschaft behandelt haben, den Grund der Verachtung finden, welche auf die Metaphysik
gefallen ist. „Sie haben, heißt es, ihre
Wissenschaft von der Philosophie des Lebens
zu weit entfernet; sie haben ihren Nutzen
kaum durch Fernröhre sehen lassen; sie haben sie in ein Gewebe unnützer Spitzfindigkeiten, in ein System von Grillen verwan-
delt — mit unverdaulichen, unaushaltbaren
Barbarismen angestoppelt. „ Dieses mag
seyn; ist meine Antwort: aber es ist ein
Fehler der Personen, die über Metaphysik
schrieben; kein innerer Mangel, kein nothwendiges Gebrechen der Wissenschaft selbst.
Metaphysik an sich selbst kann also ehrwür-
dig bleiben; so verwerflich gewisse Methoden sind, nach denen man sie behandelt
hatte.

Zusatz. Daß die Metaphysik bey all ihren innern Vor-
züge wenig Freunde, und Verehrer haben werde,
ist mir leicht begreiflich; und wird es eben so leicht
mei-

meinen HH. Zuhörern werden, wenn sie folgende Bemerkung eines unserer ersten Denker bey sich überdenken wollen. „Es giebt drey Hauptgegenstände, welche unser Wohlgefallen reitzen: das Schöne, das Nützliche, das Vollkommene. Das Schöne gefällt wegen seiner äußerlichen Form, und Gestalt; das Nützliche wegen seines Werthes, und Gebrauches, der davon zu machen ist; und das Vollkommene wegen seines Stoffes, wegen seiner innern Güte, und Unzerstörbarkeit. Das Kind, und der Wilde liebt den Diamant wegen seines Glanzes, und Schönheit der Farbe; der Juwelier wegen seines Werthes im Handel; der Naturforscher wegen seiner Unzerstörbarkeit. Dieß giebt Aufschluß, warum gerade diejenigen Wissenschaften, die diesen Nahmen am ersten verdienen, zum letzten gesucht, und am wenigsten geliebt werden. Zuerst solche, bey welchen die Einbildungskraft mit Gemächlichkeit genießen kann. Dann die Brodstudia; *ob panem lucrandam, et Martham alendam* — Und zuletzt die Grundwissenschaften, wohin außer Metaphysik die Mathematik mitzurechnen ist. Ist es nun Wunder, daß der große Haufe, nicht unter ihre Verehrer gehört?,, — Nun zur Sache.

* Cossius Uebersicht der neuesten philosophischen Litteratur. II. Stück S. 74.

Erster.

Erster Theil.

Ontologie.

§. 7.
Anzeige der Hauptmomente dieses Theiles.

Die Ontologie hat es mit den allgemeinsten, und abstractesten Prädikaten der Dinge zu thun. §. 5. Die Dinge lassen sich entweder a) an, für sich allein; und b) in Vergleichung mit andern; oder c) in Verbindung unter einander betrachten. Hieraus ergiebt sich die Eintheilung der Ontologie in drey Hauptstücke, deren Innhalt keine fernere Erklärung mehr nöthig hat.

* Ontologie pflegen wir im Deutschen Grundwissenschaft zu nennen, wahrscheinlich darum, weil sie die ersten allgemeinsten Erkenntnißgründe entwickelt. Andere Nahmen eben dieser Wissenschaft sind Ontosophie, allgemeine Metaphysik, Architectonik, erste Philosophie u. d. gl. Da die Prädikate, welche in der Ontologie vorkommen, dem Dinge nicht zukommen, in so fern es zu einer gewissen Art gehört, sondern in so fern es ein Ding ist; so sieht man,

warum

warum es von den Scholastikern durchgängig als die Wissenschaft des Dinges überhaupt, oder in so fern es ein Ding ist, erklärt wurde.

Erstes Hauptstück.

Vom Dinge an, und für sich betrachtet.

§. 8.

Begriff von einem Dinge in der weitläufigsten Bedeutung dieses Nahmens, oder vom Etwas.

Lassen Sie uns die ontologischen Betrachtungen von dem anfangen, wovon der Verstand des Menschen ausgehen, und wohin er sich am Ende wieder zurückziehen muß. Gedenkbar muß es doch seyn, was ich denken soll: einen Blick muß die Seele auf das Bild dessen wenden können, wovon es eine Vorstellung — eine Erkenntniß erlangen soll. Und dieses nenne ich nun Etwas (möglich, oder wirklich; bey dieser Allgemeinheit des Begriffes gleich viel) dieses nenne ich Ding. Sein Gegensatz ist das Nichts, das Unding.

Aber was ist gedenkbar? — Das, was frey, wenigstens für den, der es denken

ken soll, frey vom Widerspruche ist. Wir nennen widersprechend, wodurch das nämliche in der nämlichen Absicht zugleich gesetzt, und aufgehoben wird. Der Widerspruch entstehet also aus der Vereinigung der Bejahung, und Verneinung einer in jedem Betrachte eben derselben Sache; und heißt offenbarer, oder versteckter Widerspruch, je nachdem er unmittelbar aus den Worten selbst schon einleuchtet; oder erst, nachdem der Sinn der Worte begriffen ist, erkannt wird. Z. B. vernünftig, und — unvernünftig; fromm, und — Heuchler.

Das Widersprechende allein ist ungedenkbar, ist Nichts, ist Unding. Und wenn man gleich sagt: Etwas widersprechendes; so heißt doch dieser Ausdruck nur so viel: eben darum, weil es widersprechend ist, ist es nichts.

* Aus der gegebenen Erklärung des Widerspruches läßt sich begreifen, warum mehr Widerspruch unter Menschen zu seyn scheint, als wirklich ist. S. Log. §. 112. Anmerk.

Anmerk. Der Begriff von dem, was man Ding nennet, schien mir einer vorläufigen Entwicklung nöthig zu haben, um die vorzüglichsten Puncte, die wir in diesem Hauptstücke zu behandeln haben, zweckmäßiger anzeigen zu können. Sie betreffen A) die höchsten Bestimmungen; B) die allgemeinsten Eigenschaften des Dinges. Jedem dieser Gegenstände wollen wir einen eigenen Abschnitt einräumen.

Erster Abschnitt.

Höchste Bestimmungen des allgemeinen Begriffes von einem Dinge.

§. 9.

Was Bestimmung heiße? — Höchste Bestimmung.

Die Theile des Widerspruchs heißen Bestimmungen. Ein Theil setzt immer etwas im Dinge; der andere hebt es auf. Jener ist bejahende Bestimmung — Realität; dieser verneinende Bestimmung — Negation. Höchste Bestimmungen sind also solche Realitäten, und Negationen, in denen alle übrigen, die man nur denken kann, liegen müssen. Solcher Bestimmungen sind zwey: I. Die Möglichkeit; II. die Wirklichkeit.

I. Möglichkeit.

§. 10.

Begriff des Möglichen, und Unmöglichen.

Nach dem gemeinen Sprachgebrauche nennen wir möglich, was seyn; unmöglich,

Stögers Metaph.　　B　　was

was nicht seyn kann. Auch Philosophen
haben sich dieser Erklärungsart bedienet. Allein wenn ich nicht irre, so sind diese beyden Ausdrücke vollkommen identisch; und
die Erklärung führt eben die Dunkelheit mit
sich, welche der zu erklärenden Sache anklebt. Möglich, und seyn können; unmöglich, und nicht seyn können saget eines so
viel, als das andere. Immer läßt sich noch
fragen, was kann seyn, und was kann es
nicht? Seyn kann, was keinen Widerspruch enthält; nicht seyn kann, was widersprechend ist — wovon die Merkmale einander aufheben. Möglich heißt also so
viel, als Nichtwidersprechend; Unmöglich
das Gegentheil. Jenes setzt Verträglichkeit
dessen, was zusammen gedacht werden soll,
voraus; dieses Mißhelligkeit — Nichtver-
einbarkeit der Merkmale.

Aber sollte es nicht erlaubet seyn, das
Mögliche durch das Gedenkbare; das Unmögliche durch das Undenkbare zu erklären? Allerdings; aber das schlechterdings
Undenkbare muß man verstehen — das, was
in Rücksicht auf jede vorstellende Kraft undenkbar ist. Undenkbar kann etwas auf
zweyerley Art seyn: entweder aus Mangel
der Kraft, und wegen ihrer Einschränkung;
oder wegen des eingesehenen Widerspruchs.

Nur

Nur dieses heißt so viel, als unmöglich; je=
nes ist unbegreiflich zu nennen. Ein Bey=
spiel von einem Blindgebornen.

§. 11.
Erkenntnißgrund des Möglichen.

Grund überhaupt ist dasjenige, wel=
ches macht, daß etwas vielmehr so, als an=
ders ist. Wird dadurch die Art unserer
Erkenntniß — unser Fürwahr=oder Nicht=
fürwahrhalten bestimmt, so heißt es Er=
kenntnißgrund. Der Satz also, wodurch
alle, und jede Möglichkeit begreiflich wird,
ist der Erkenntnißgrund des Möglichen. Die=
ser Satz ist der Grundsatz des Widerspruchs:
Nichts kann zugleich seyn, und zugleich nicht
seyn. Mit diesen, oder andern gleichviel
bedeutenden Worten — metaphysisch, oder
mathematisch; mit Buchstaben, und Zah=
len, oder mit Begriffen ausgedrückt ist im=
mer einerley. Allemal macht er erkennbar,
was möglich ist, und was es nicht ist.

Jeder vernünftige Mensch, der nur den
Ausdruck versteht, erkennt diesen Satz für
wahr, und giebt ihm wenigstens innerlich
den Beyfall. Ja, es ist nicht einmal mög=
lich, diesen Satz im Ernste zu läugnen,
oder wohl gar nur zu bezweifeln. Seine in=

nere

nere Evidenz, und das allereinfachste Ge=
fühl, das in jedem einzelnen Falle auf die
unwidersprechlichste Weise uns überzeuget,
daß wir die nämliche Sache nicht zugleich
setzen, und aufheben können, nöthigen
den Verstand, die Wahrheit dieses Grund=
satzes anzuerkennen, ob er gleich durchaus
nicht erweisbar ist.

＊ Es scheinen sich einige unter den Philosophen zum
Verdienste zu rechnen, den Ausdruck geändert zu
haben. Der Satz heißt nun: Nulli objecto compe-
tit nota, quae eidem contradicit. Ich zanke mich
um Worte nicht; aber was die Philosophie dadurch
soll gewonnen haben; oder ob diese neue Formel
vor dem alten: Idem non potest simul esse, et non
esse wirklich was voraus habe, das sehe ich zur
Stunde nicht genug.

Anmerk. Uiber den ersten Grundsatz der Ontologie war
einst viel Streites unter den Metaphysikern. —
Sehr überflüßig meines Gedunkens. Muß denn
eben alles aus Einem Grundsatze hergeleitet werden?
Oder läßt es sich immer daraus herleiten? Kann
die Wahrheit der Sätze nicht eben so gut bey meh=
reren, als bey Einem obersten Erkenntnißprincip
bestehen? — „Nichts, sagt Herr Kant, darf dem
Grundsatze des Widerspruchs zuwider seyn; obgleich
eben nicht alles daraus abgeleitet werden kann „.
Anders denkende können sich bey Freyherrn von
Wolf, Stadler, Beck, Storchenau u. a. m. Raths
erholen.

§. 12.

§. 12.

Unterschiede des Möglichen, und Unmöglichen.

Da die Möglichkeit in der Verträglichkeit, und die Unmöglichkeit in der Mißhelligkeit dessen, was zusammengedacht werden
soll, bestehet: so kömmt es nun darauf an,
in welcher bestimmten Rücksicht eine Sache
genommen wird. Nach Verschiedenheit dieser Beziehung bilden sich verschiedene Arten
der Möglichkeit, und Unmöglichkeit.

1. Innere, und äußere Möglichkeit, und
   Unmöglichkeit.

Innerlich möglich nennet man, was
an, und für sich seyn kann; äußerlich möglich, was seyn kann in Rücksicht auf die
Kraft, wodurch es soll bewerkstelliget werden. Z. B. Innerlich möglich ist, aus einem Stuck Holz, Marmor :c. eine Statue
zu verfertigen; äußerlich ist es möglich, wenn
ein Künstler da ist, der es zu bewerkstelligen im Stande ist. Hieraus sieht man,
das innere Möglichkeit auf Abwesenheit des
Widerspruchs, und die äußere auf die Zu-
länglichkeit der hervorbringenden Kraft sich
gründe. Das Gegentheil gilt von innerli-
cher, und äußerlicher Unmöglichkeit *.

2. Absolute, und hypothetische Möglichkeit, und Unmöglichkeit.

Ein jedes Ding läßt sich entweder in, oder außer Verbindung mit allerley Umständen, und Bedingungen betrachten. Vieles kann in einem Betrachte möglich seyn, was es aufhört zu seyn im andern. Hieraus bilden sich die Begriffe der absoluten (unbedingten) und hypothetischen (bedingten) Möglichkeit, und Unmöglichkeit.

Die hypothetische Unmöglichkeit (das Nämliche giebt verhältnißmäßig von der Möglichkeit) zerfällt in

a) physische
b) moralische } Unmöglichkeit.

Die erste hat statt bey gewissen physischen Umständen, die die Hervorbringung einer an sich möglichen Sache hindern: z. B. Eine augenblickliche Heilung einer tödlichen Wunde; oder bey dem Mangel der physischen Kräfte: z. B. die Erweckung eines Todten, oder die Fortbewegung eines Berges durch Menschenkraft. Die zwote hat statt bey der Gegenwart gewisser moralischer Umstände, die eine Handlung

recht

recht beſchwerlich machen z. B. die lange Gewohnheit in einer ſchmeichelnden Sinnlichkeit: oder bey Mangel moraliſcher Kraft, wenn nämlich dieſe durch Verbindlichkeit genommen iſt z. B. in einem wohlgeordneten Staat, wo der Kraft des Stärkern die Geſetze Schranken ſetzen.

* Es ſcheint mir heut zu Tage überflüſig die Realität der innern Möglichkeit, und Unmöglichkeit durch Beweisgründe zu erhärten. Die Gegenmeinung iſt ſchon lange mit Carteſens Schule zu Grabe gegangen. Die Urſache, warum Gott kein zweylinigtes Dreyeck machen könne, iſt doch nicht Mangel der Allkraft; ſondern Inkompatibilität der innern Merkmale. Braucht es mehr noch, ſich von der Realität der angeführten Begriffe zu überzeugen?

§. 13.

Folgeſätze aus den bisherigen Erklärungen.

Wir haben bisher Begriffe genug entwickelt, um Lehrſätze feſtſetzen zu können, auf die wir in der Folge unſere Schlüſſe mit Zuverſicht bauen, und für itzt als richtige Folgen aus den vorausgeſchickten Erklärungen anſehen können.

I. Was unter einer gewiſſen Bedingung möglich iſt, muß es an, und für ſich
ſelbſt

selbst seyn; aber nicht jedes, was seiner Natur nach möglich, ist, ist es auch unter was immer für einer Bedingung.

II. Was nur bedingte Unmöglichkeit hat, ist außer dieser Bedingung möglich; hingegen was schon für sich unmöglich ist, läßt sich durch keine hinzugesetzte Bedingung möglich machen.

III. Die äußere Möglichkeit setzt allenthalben die innere voraus.

IV. Eben diese innere Möglichkeit kann weder Anfang, noch Ende haben d: h. sie ist ewig.

V. Wenn über das Möglich= oder Nichtmöglichseyn eines Dinges gefraget wird, hat man sein erstes Augenmerk auf die innere, und absolute; das zweyte auf die äußere, und hypothetische Möglichkeit, und Unmöglichkeit zu wenden.

§. 14.

Warnung für den Beurtheiler des Möglichen, und Unmöglichen.

Die Erfahrung ist Bürge, daß man die Urtheile über Möglich= und Unmöglichkeit

keit nur zu oft übereilet. Nicht nur in dem gemeinen Leben nennt man überhaupt möglich, wovon man eigentlich sagen sollte, daß man den Widerspruch nicht einsieht; und unmöglich, was man nicht begreifen kann: sondern selbst die Sprache der Philosophen ist nicht immer von dergleichen Unrichtigkeiten im Ausdrucke frey. Fehler dieser Art geben öfters zu groben Irrthümern Anlaß.

Man merke also, um sie zu vermeiden, folgenden Kanon: „Nichts nenne man möglich, wovon man die Uibereinstimmung; Nichts unmöglich, wovon man die Uibereinstimmung der Merkmale nicht deutlich einsieht, so, daß man sie im Nothfalle beweisen könnte.„ Ohne diese Regel zu befolgen sind die Urtheile über Möglich = und Unmöglichkeit der Dinge, wo nicht irrig, doch allemal vermessen. S. Log. §. 75.

* Man lese über diesen Gegenstand F. v. Wolf Abhandl. de possibili, et impossibili Ont. P. I. c. I. wo er unter andern die verschiedenen Beweisarten des Möglichen, und Unmöglichen vorträgt §. 81. „Quoties de possibilitate iudicas, antequam contradictionem latentem distincte perspexeris, atque expenderis, iudicium de eadem ex praecipitantia fertur, ac saepissime fallit.„ L. c. §. 83.

II.

II. Wirklichkeit.

§. 15.

Ist eine genaue Erklärung der Wirklichkeit möglich?

Nur diejenigen Begriffe laſſen ſich genau erklären, deren Merkmale man deutlich einſieht. Die einfachen Begriffe (Log. §. 60.) gewähren uns nimmermehr eine ſolche Einſicht, und ſind eben darum keiner genauen, völlig paſſenden Erklärung fähig. Schon hieraus ſieht man, warum man keine vollkommen logiſch richtige Erklärung des Begriffes von Wirklichkeit je erwarten darf: und wenn man zugleich einen Blick auf jene Allgemeinheit hinwirft, die er als Gefährtinn mit ſich führt, ſo wird man gar kein Bedenken mehr tragen, dieſer Hoffnung für allemal zu entſagen. Zwar erkennet man leicht, daß das Wirkliche mehr, als bloß möglich ſeyn müſſe: allein eben dieſes Mehr iſt es, was ſich durch keine Erklärung beſtimmen läßt. Die mißlungenen Verſuche ſo mancher Erzerklärer dienen zum Beweiſe. Es läßt gar nicht ſchwer, das Unzulängliche ihrer Erklärungen zu zeigen, ſo wenig man dadurch in den Stand geſetzt wird, etwas beſſeres zu liefern.

* Recht ſagt der in vieler Rückſicht für die Philoſophie zu frühe verſtorbene Herr Prof. Röſſer in Würzburg.

„Fue-

„Fuerunt quidem, qui exiſtentiam definitione explicare conarentur ; ſed ita, ut .aut obſcurarent eam magis, aut nihil dicerent noui. Nam qui ſic definiunt, vt eſſe, aut exiſtere dicant eas res, quae ſint aptae ad agendum, vel patiendum, non vident primo aptum eſſe, poſſe agere, vel pati, perinde obſcurum eſſe; deinde ὑψιϛαμενου, id eſt, ſubſtantiae, iſtam eſſe definitionem, multasque res eſſe, quae nec agunt, nec patiuntur. Quodſi quis ita explicet, vt ſit id, quod extra cogitationem detur, is non definit, ſed ſynonymum affert. Qui exiſtentiam in complimento poſſibilitatis, ſeu quadam ad poſſibilitatem acceſſione ponunt, cauſſae potius, quam exiſtentiae definitionem afferunt. Atqui idem fere ſentiendum de ceteris notionis huius explicationibus, quas ſi referre inſtituas, nihil aliud, niſi quod refellendum ſit, adferas.„

§. 16.
Urſprung des Begriffes.

Laſſen Sie uns alſo bey gänzlicher Ermanglung eines völlig deutlichen Begriffes mit dem obſchon dunkeln Begriffe, den der gemeine Menſchenverſtand mit dem Worte Wirklichkeit (Exiſtenz) zu verbinden pflegt, zufrieden ſeyn. Wirklich, wahrnehmbar ſeyn heißt in dieſem Betrachte einerley. Aeußere, innere, räſonnirte Wahrnehmbarkeit giebt die Unterſchiede der Wirklichkeit.

Schon

Schon hieraus wird begreiflich, woher der Begriff von Wirklichkeit seinen Ursprung zieht. Jene allgemeine Quelle der Begriffe, die wir in der Logik §. 54. anzeigten, ist es woraus eben der Begriff von Wirklichkeit entspringt — die Empfindung.

Zuerst schreibe ich meinen Gedanken eine ideale Wirklichkeit zu, in so weit sie von mir als Abänderungen meines Denkvermögens wahrgenommen werden. Jede Abänderung setzt etwas zum voraus, das abgeändert wird: ich selbst also — das Subject dieser Abänderung habe eine Wirklichkeit, die nicht bloß ideal, sondern real ist: ich bin nicht bloß Gedanke, sondern ein denkendes Wesen. Außer dem sind Vorstellungen — Bilder in mir von Dingen, die von mir, und unter ein ander verschieden sind. Der gleichförmige, lebhafte Eindruck, den sie auf meine äußern Sinnenwerkzeuge, und vermittelst dieser auf mein Ich machen, läßt nimmermehr zweifeln, daß ihnen nicht außer mir vorhandene Gegenstände entsprechen: ich schreibe ihnen Wirklichkeit zu.

Die Idee also von Wirklichkeit entsteht in uns, 1) durch Reflexion über unsere Gedanken; 2) über uns selbst, als das Sub-

Subject; 3) über die äußern Körper, als
Objecte unserer sinnlichen Begriffe.

§. 17.

Folgen.

Wenn man dasjenige, was itzt über
Wirklichkeit, mit dem, was vorher über
Möglichkeit gesagt worden ist, vergleichet,
so ergiebt sich

I. Was wirklich ist, das muß wohl auch
möglich seyn; aber nicht umgekehrt. §. 15.

II. Was nicht einmal möglich ist, das
ist auch nicht wirklich; aber nicht umgekehrt. §§. 10. 8.

III. Was immer wirklich ist, das ist völlig, und durchgängig bestimmt d. h.
dem muß von allen nur gedenkbaren kontradictorischen Prädikaten eines zukommen, oder das andere. Wirklichkeit begreift Möglichkeit in sich: in
diesen beyden Begriffen liegen alle nur
gedenkbare Bestimmungen (§. 8.) also
in dem, was wirklich ist, eines oder
das andere aus was immer für kon-
tradict. Prädikaten.

Anmerk.

Anmerk. Aus diesem letzten Grundsatze (man nennt ihn
den Grundsatz der völligen Bestimmung: Principium
indiuiduationis) folgt, daß alles, was existirt,
auch dem Orte, und der Zeit nach bestimmt seyn
müsse. Jedes wirkliche Ding muß ein gewisses Wo,
und Wann haben. Doch gehört die Erkenntniß dieser Bestimmungen nur zur Art; nicht zur Gewißheit des Seyns. Immer also kann ich das Wo,
und das Wann der Existenz Gottes nicht wissen,
und doch mit Gewißheit sagen: Der Unendliche ist.

§. 18.
Eine Zugabe.

Nochmal einen Blick auf das, was
wirklich ist! Anders können wir uns das
wirkliche Ding doch nicht denken, als entweder für sich bestehend — begabt mit ei-
genthümlicher, abgesonderter Existenz; oder
als Anhang, Zugehör, Beschaffenheit irgend eines andern Dinges. Jenes hat man
Substanz; dieses Accidenz genennet.

So verschieden die Ausdrücke sind, in
die man die Erklärung von Substanz ein-
zuhüllen von jeher gewohnt war; so scheinen
sie mir doch, in diesem Begriffe, wie in
ihrem gemeinschaftlichen Mittelpuncte sich alle zu vereinigen*. Dem ungeachtet giebt es
hier noch große Schwierigkeiten.

Was

Was ist es denn eigentlich, was für sich besteht — das zu seiner Existenz der Existenz keines andern bedarf, wodurch es unterstützt, und so zu sagen, getragen wird? Anders kann es wohl doch nichts seyn, als etwas Absolutes — Etwas, das bey allem Wechsel der Zustände beharrlich fortdauert. Aber eben dieses ist es, was man so schwer begreift.

Wir nehmen ja mit unsern Sinnen nur Zustände, und Beschaffenheiten der Dinge — Verhältnisse wahr, in denen sie theils unter einander, theils in Bezug auf unsere Natur sich befinden? Nirgendwo erblicken wir etwas Absolutes. Was berechtiget also den Verstand seine Sphäre zu erweitern, sich hinauszuschwingen über den Kreis sinnlicher Wahrnehmnungen, und Begriffe zu bilden, die überall nichts sinnliches in sich halten? Ist dieß nicht Anmaßung?

Mir deucht, eben jene Gesetze, welche die Art des Wirkens unsers Verstandes bestimmen, berechtigen, oder vielmehr zwingen ihn, so zu verfahren. Den ersten Stoff — die rohen Denkmaterialien sollen uns die Sinne liefern. Der Verstand muß sie bearbeiten, und vermittelst dieser Bearbeitung in deutliches Kenntniß umschaffen. Es fragt

sich)

sich) also, ob der Verstand diesen rohen
Zeug, den ihm die Sinne zuführen, benu-
tze, und ausbilde, wie er es zu thun nach
seinen wesentlichsten Gesetzen bestimmt ist,
wenn er ohne etwas vom Absoluten hinzu zu
thun, bey der gegebenen Erkenntniß von Beschaffenheit, Zuständen, und Verhältnissen
stille steht?

Und da läßt sich schon mittelst der Begriffe selbst zeigen, daß der Verstand gegen
das wesentlichste seiner Gesetze mit sich selbst
in Widerspruch gerathen müßte, wenn er
dabey stehen bleiben. — Verhältnisse ohne
etwas, was im Verhältnisse ist, Zustände,
Beschaffenheiten ohne Subjecte denken wollte, welche in diesen Zuständen sich befinden,
und diesen Beschaffenheiten unterworfen sind.

Wir denken uns also Substrate —
denken uns nach Locke zu reden **, Trä-
ger (Sustentacula) derjenigen Beschaffenheiten, die wir uns für sich bestehend, und unabhängig nicht denken können: und nennen
sie — Substanzen. Zuerst wird dieser Begriff durch sinnliche Erkenntniß von Körpern
erzeugt; weiter fortgeführt durch Aufmerksamkeit auf die in der Natur so oft vorkom-
mende Theilung; ins reine gebracht durch Reflexion

flexion über das, was in unserm Innersten vorgeht.

Freylich wird Substanz ein leeres, un-
bedeutendes Wort (und hierauf beziehet sich
meines Gedunkens der Lockische Zweifel über
die Realität des allgemeinen Begriffes von
Substanz) wenn man Substanz allen,
und jeden Beschaffenheiten entgegen setzt.
So wie ein Ganzes im Gegensatze auf alle,
und jede seine Theile ein bloßes Nichts ist:
so ist es auch Substanz im Gegensatze auf alle,
und jede seine Beschaffenheiten. Aber man
kann Substanz einigen ihrer zufälligen Merkmale entgegen setzen, und so muß man zwar
zugeben, daß unser Begriff von Substanz
zwar unvollständig; aber doch mehr, als
bloß Scheinidee ist.

* Beym mündlichen Vortrage können die verschiedenen
  Benennungen von Substanz der ältern sowohl, als
  neuern Philosophen angezeigt, und die Erklärungen,
  besonders des Aristoteles, der Scholastiker, Des-
  cartes, Spinoza's, Leibnitz's, Wolf's, Baumgar-
  tens, Kants, Ulrichs mit der gegebenen verglichen
  werden.
** De int. hum. L. II. c. 23. §. 2.
*** Uiber diesen ganzen Gegenstand empfehle ich Hrn.
  Feders Abhandl. über den Begriff von Substanz.
  Phil. Bibl. 2ter Band 1789. besonders §. 5.

Stöger, Metaph.   C   Zwey-

Zweyter Abschnitt

Allgemeine Eigenschaften.

§. 19.
Innhalt dieses Abschnittes.

Ich brauche hier das Wort Eigenschaft im Gegensatze auf die Verhältnisse. Gleichwie sich diese offenbaren, wenn man mehrere Dinge mit einander vergleichet, so erkennet man jene, indem man das Ding an, und für sich betrachtet. In dieser Rücksicht haben wir im gegenwärtigen Abschnitte 1) von dem Wesen, den Attributen, und Moden; 2) von Nothwendigkeit, und Kontingenz; von Veränderlich = und Unveränderlichkeit; Endlich = und Unendlichkeit: 3) von Einheit, Wahrheit, Ordnung, und Vollkommenheit des Dinges zu handeln.

I. Wesen, Attributen, Moden.

§. 20.
Begriff von Wesen. Gränzbestimmung unserer Wesenkenntniß.

Etwas muß es doch seyn, das ein Ding zu dem machet, was es ist. Diesem Etwas haben die Philosophen den Nahmen
Wee

Wesen beygelegt.   Mir scheint es eben nicht,
daß die Philosophie durch diese Erklärung
viel gewonnen habe.   Was ist dieses Etwas?
Worihn bestehet es? sind Fragen, die erst
beantwortet werden müssen, und welche, so
lange sie unbeantwortet bleiben, meinen Begriff immer dunkel lassen.   Wir unterscheiden die Dinge durch gewisse Merkmale von
einander.   Einige dieser Merkmale sind von
der Art, daß sie dem Dinge beständig zukommen, so daß es ohne dieselben gar nicht
seyn könnte.   Sie lassen sich von keinen andern herleiten — sind hingegen die Quelle
der übrigen, der Grund ihrer Wirklichkeit,
oder doch ihrer Möglichkeit.   Sie stellen sich
am ersten der Betrachtung dar, und fallen,
so zu sagen, von selbst in die Augen.   Der
Inbegriff — die Summe dieser Merkmale ist jenes Etwas, das man Wesen nennt.
Beyspiele aus der Geometrie.

Eine ganz andere Frage ist es; sind wir
überall im Stande, in das Wesen der Dinge einzudringen, und von jenen Merkmalen,
davon wir so eben gesprochen haben, uns allenthalben deutliche Begriffe zu machen? —
Die Erörterung dieser Frage ist von höchster
Wichtigkeit, indem sie uns eine Gränze zeigt,
die der Schöpfer unserm Verstande anwies,

deren Uibertrettung allemal auf leere Hirn-
gespinnste hinführt.

Die Gegenstände unserer Vorstellung
haben entweder nur ideales Daseyn, oder
sie haben auch wirkliches; d. h. die Gegenstände, worüber, und wovon wir denken
können, sind entweder nur in unserer Vorstellung, oder auch außer derselben vorhanden — sind entweder bloße Producte unsers
Verstandes; oder in der Natur existirende
einzelne Dinge. Das Wesen der erstern
besteht in der Verbindung nichtwiderspre-
chender Merkmale, die wir, weil sie von uns
selbst geschaffen sind, auf's deutlichste einsehen können. Ihr Wesenkenntniß ist also für
uns erreichbar. Aber wie ganz anders verhält sich die Sache bey den Gegenständen
der zwoten Art? Ein jedes dieser Dinge hat
seine eigenthümliche durchaus bestimmte Con-
stitution. Was wir mit Sinnen wahrnehmen, sind nicht innere — absolute, sondern
bloß relative Eigenschaften, deren Schein
nach Verschiedenheit der Umstände sich ändert. Nur die absoluten, originellen Merkmale, welche dem Dinge für sich, außer
aller Beziehung beständig zukommen; nur
die, welche den Grund dieser Erscheinungen
in sich enthalten, machen sein wahres Wesen aus. Wie sollen wir nun dieses ergründen?

den? Es ist in dieser Lage nimmermehr
möglich.

Wenn wir uns also eine Wesenkennt=
niß wirklicher Dinge zueignen, so ist dieses
keineswegs von der Erkenntniß des absolu=
ten — des Sachwesens, das ich so eben
erklärt habe, zu verstehen, sondern von dem
hypothetischen, oder Notionalwesen der Din=
ge, welches in einem Aggregate sinnlicher
Merkmale besteht, das wir mit einem ge=
wissen Nahmen belegen. Beyspiel vom
Golde *.

* Man sehe Locke de int. hum. L. III. c. 6.

§. 21.

Attribute. Moden.

Außer den Merkmalen, von denen wir
im vorherg. §. geredet haben, und die man
mit Rechte Grundbeschaffenheiten nennt,
giebt es noch andere, welche sowohl mit je=
nen, als unter sich darin übereinkommen,
daß sie innere Bestimmungen des Dinges
sind, dem sie zugeeignet werden: aber
sich darin unterscheiden, daß die einen itzt
da, itzt weg seyn können; die andern hinge=
gen dem Dinge unzertrennlich ankleben, oh=
ne doch die ersten Darstellungsstücke dessel=

ben

ben zu seyn. Diese hat man Attribute; jene Moden genennet.

Die Attributen also müssen von der Art seyn, daß sie den Grund ihrer Wirklichkeit in dem Wesen des Dinges selbst haben; während aus demselben sich für die Moden nichts anders, als der Grund ihrer Möglichkeit herleiten läßt.

Anmerk. Einigen Philosophen gefiel es, eigentliche, und analoge Moden zu unterscheiden. Sie fanden nämlich, daß einige derselben in äußeren Ursachen, andere in dem Dinge selbst, dessen Modi sie sind, den Grund ihres Daseyns haben. Jene hießen sie eigentliche, diese analoge Moden. Diese Unterscheidung kann uns in der Folge gute Dienste leisten. — Beyspiele solcher analogen Moden sind die freyen Willensbestimmungen bey dem Menschen, die Rathschlüsse Gottes 2c. S. Sigism. Storchenau Metaph. P. I. S. II. c. 3. §. 56. Schol.

§. 22.
Lehrsätze von Wesen, Attributen, Moden.

Diese Erklärungen vorausgesetzet lassen sich nun die Sätze der Philosopen von den Wesen, Attributen, und Moden der Dinge, die manchmal ganz sonderbar klingen, begreifen, und beurtheilen. Dergleichen Sätze sind:

I. Das

I. Das Wesen des Dinges besteht in seiner innern Möglichkeit: Dieser Satz ist in so ferne wahr, als man das Ding bloß nach seinem ontologischen Begriffe, als Ding betrachtet. Denn durch das Möglichseyn erhält es, daß es vielmehr Ding, als Unding ist. Außer diesem Betrachte sehe ich weder die Richtigkeit, noch die Brauchbarkeit des Satzes ein.

II. Die Wesen der Dinge sind ewig, nothwendig, unveränderlich. Diese Sätze können nur, wenn sie wahr seyn sollen, von dem abstracten Wesen der Dinge — von dem Wesen als Begriff genommen, gelten; niemals aber von dem koncretiven Wesen derselben, welches das Ding als existirend in sich begreift. Ganz was anders ist z. B. der Mensch als Begriff, dem dieser Nahme zukömmt, und ganz was anders, als Individuum. Als Begriff ist er ewig, nothwendig, unveränderlich; als Individuum in der Zeit existirend, zufällig, dem Wechsel unterworfen.

II'. Die Möglichkeit der Moden gehört unter die Attribute des Dinges. Denn der Grund, warum dieser, oder jener

My

Modus dem Dinge zukommen könte,
iſt immer in dem Weſen deſſelben enthalten: alſo iſt die Möglichkeit, daß der
eine, oder der andere Modus ſich wik-
lich einfinde, daraus eine Folge: aſo
ein Attribut.

* Wer an dieſen Speculationen Behagen findet, kan
ſich im Hrn. Tittels Metaph. S. 57—75. 2te Aufl.
herumſehen, wo vieles ſchön — nur nicht immer
präcis genug geſagt wird.

II. Nothwendigkeit, Unveränderlich- keit, Unendlichkeit, u. d. Gegenth.

§. 23.
Begriff von Nothwendigkeit, und Kontingenz. Ihre
verſchiedene Arten.

Die Beſtimmung eines Dinges heßt
nothwendig, wenn die entgegengeſetzte im
Dinge unmöglich; zufällig, wenn auch
die entgegengeſetzte möglich iſt. Nothwendigkeit iſt alſo die Unmöglichkeit des Gegentheils: die Möglichkeit deſſelben — Kontingenz.

Es giebt der Nothwendigkeit ſo viele
Arten, als der Unmöglichkeit. §. 12. Überhaupt wird ein Ding in eben dem Grade
nothwendig genennet, in welchem ſein Gegentheil

gentheil unmöglich ist. Z. B. Der Zirkel ist rund: absolute Nothwendigkeit. Das Schwere zielt abwärts: physische Nothwendigkeit. Verträge müssen gehalten werden: moralische Nothwendigkeit. Diese beyden Arten machen die sogenannte hypothetische Nothwendigkeit aus *.

Auf eine ähnliche Weise, indem man nämlich sieht, in wie fern die Möglichkeit des Gegentheils gedenkbar ist, bilden sich die nämlichen Arten der Kontingenz.

* Das hypothetisch Nothwendige ist im Grunde zufällig. Denn nach aufgehobener Bedingung ist das Gegentheil möglich. Aber wie, wenn die Bedingung nicht gehoben werden könnte? — In diesem Falle hat man die hypothetische Nothwendigkeit der absoluten gleich zu schätzen. So sind z. B. die Sätze, die sich auf die Voraussetzung, daß Gott unendlich vollkommen ist, wirklich gründen, für absolut nothwendige Wahrheiten zu halten.

Anmerk. Der Begriff von Nothwendigkeit gränzt nahe an den von Gewißheit. Von der subjectiven Gewißheit ist in der Logik §. 128. gehandelt worden: hier ist die Rede von der objectiven. Man erlaube mir Hrn. Prof. Ulrichs Meinung, der ich ganz beytrette, anzuführen. „Ich kann sie (die obj. Gewißheit) noch immer nicht, wie einige wollen, für eine bloße Grille halten, wobey die Existenz mit der Gewißheit verwechselt würde. Man schreibt
auch

auch zukünftigen Begebenheiten eine objectivische
Gewißheit zu. Der Alten ihre Veritas determina-
ta euentuum futurorum, oder ihre Futuritio, so
fremd auch diese Nahmen immer klingen mögen,
scheinen mir doch etwas Reales anzudeuten. —
Die objectivische Gewißheit zukünftiger Begebenheiten scheint nämlich darin zu bestehen, daß sie
in etwas vorhergehenden, oder gegenwärtigen
bereits gegründet, und dadurch so bestimmt sind,
daß sie vielmehr erfolgen, als nicht erfolgen
werden. In Ansehung der Körperwelt ist eine
solche objectivische Gewißheit nicht zu läugnen;
trifft aber mit der physischen Nothwendigkeit des
Erfolges zusammen. Aber in der moralischen Welt
soll die objectivische Gewißheit künftiger freyer Ent-
schließungen ein Mittelding zwischen der Nothwendigkeit, und einem bloßen Zufall seyn, welches ungefähr darin bestünde, daß bereits in dem gegenwärtigen Zusammenhange der Dinge die Anlage zu
allen den äußerlichen, und innerlichen Umständen
liege, wodurch eine freye Entschließung, doch ohne
allen Zwang vielmehr befördert, als verhindert;
also mehr erfolgen, als nicht erfolgen wird, so daß
derjenige, der diese ganze Verknüpfung übersieht,
auch im voraus subjective Gewißheit in Ansehung
dieser freyen Entschließung haben wird.„ Joh.
Aug. Heinr. Ulrich erster Umriß einer Anleitung zu
den philosophischen Wissenschaften. I. Th. 2tes St.
§. 7.

§. 24.

§. 24.

Ursprung des Begriffes von Nothwendigkeit.

Alle unsere Begriffe lösen sich in Empfindungen auf, sagten wir in der Logik S. 55. Welcher Folgesatz aus dieser Prämisse ist natürlicher, als eben dieser: also auch der Begriff von Nothwendigkeit? Aber ist dieser Satz auch eben so gewiß, als die Folgerung natürlich, und gesetzmäßig ist? — Wenn es sich irgend bey einem Begriffe der Mühe lohnt, seinem Ursprunge nachzuspüren, so ist es bey dem von Nothwendigkeit; und wenn sich der sinnliche Ursprung dieses Begriffes zeigen läßt, so ist für jenen in der Logik allgemein behaupteten Satz gewiß vieles gewonnen, so wie im Gegentheile die Meinung vom anderwärtigen Ursprunge der Ideen, als aus Erfahrung (was es immer für ein Kleid ist, in das man sie einhüllet) nicht wenig an Wahrscheinlichkeit verliert. Lassen Sie uns also prüfen.

Wie soll das Gefühl, wie eine aus inn = oder äußeren Empfindungen entstandene Wahrnehmung — Erfahrung, wie soll sie den Begriff von Nothwendigkeit gründen — allgemeine, und nothwendige Wahrheit lehren? Sie lehret, was itzt ist: und

wenn

wenn sie mehrere Male einstimmig vorkam,
was mehrere Male; und wenn sie sich gleich
blieb, was beständig gewesen ist. Aber das
Beständige ist ja nicht einerley mit dem
Nothwendigen? Beständig kann ich gesund
seyn; alle Jahre kann der heutige Tag schön;
irgend ein anderer Tag trüb seyn u. s. f.
Darum folget noch nicht, daß ich gesund;
dieser Tag schön; jener trüb seyn müsse.
Das Nothwendige muß immer; muß überall; sein Gegentheil kann nimmermehr,
kann nirgends seyn: wie soll mich nun dieses die Erfahrung lehren? — Hierinn dächte ich, bestünde der Haupteinwurf. Ich
antworte.

Wir empfinden nur gar zu oft, daß
wir etwas nicht können. Ein unwider-
stehlicher Drang hindert das Unterlassen:
ein Unvermögen, worin wir uns befinden,
das Wirken. So oft wir so was empfinden (und dieser Fall ist einmal nicht sel-
ten) empfinden wir Nothwendigkeit. Denn
nothwendig ist, wovon das Gegentheil nicht
seyn kann. Was wir nicht ändern können,
müssen wir lassen; und was wir nicht lassen können, müssen wir thun — nothwendig ein-wie das andere Mal.

Im-

Immer mag man diese Nothwendigkeit
im einzelnen Falle betrachtet nur Nothwendigkeit des gegenwärtigen Zustandes — bedingte Nothwendigkeit nennen, die aufhört,
so bald sich der Zustand ändert, oder ändern
kann. Aber soll diese Nothwendigkeit auch
dann noch bedingte Nothwendigkeit heißen,
wenn sich dieser Zustand auf keine Weise
verändern, diese Nothwendigkeit nicht wegbringen, wenn sich nicht einmal begreifen
läßt, wie sie weg seyn könnte? — Dieses
wäre wenigstens ohne Grund. Also in diesem Falle absolute Nothwendigkeit, wenigstens für uns.

Und wenn wir fänden, fährt Herr Feder fort, daß alle Menschen, so weit wir sie
kennen lernten, in derselben Nothwendigkeit
sich befänden; wenn wir nicht den mindes-
ten Grund hätten, zu vermuthen, daß es
vielleicht bey einigen anders seyn möchte; ja
wenn wir uns ganz und gar keine Vorstellung davon machen könnten, wie es bey irgend einem andern Menschen, oder irgend
einem empfindenden, wollenden, denkenden
Wesen anders seyn könnte: dürften wir noch
Anstand nehmen, diese sich uns zu empfinden, und zu erkennen gebende Nothwendigkeit, sie betreffe objectivisch, was sie wolle,
für absolut, und allgemein statt findend zu
hal-

halten? Wenn unsere Urtheile sich nach Gründen richten müssen; gewiß nicht."*)

Auf diese Weise bildet sich durch Reflexion auf das, was in unsern innern,
und in den äussern Sinnen vorgeht, der Begriff von Nothwendigkeit, und ist, gleich jedem andern, empirischen Ursprungs.

*) Ueber Raum und Caussalität. §. 9.

Anmerk. Daß Erfahrung nicht Nothwendigkeit gründen
könne, ist, wenn ich nicht irre, eine der Haupt-
stützen der kantischen Philosophie. Man lese nur
um sich zu überzeugen, seinen dritten Beweisgrund für
die Priorität des Raumes (Kritik b. r. V S. 24. I.
Ausg.) Dieses ist die Ursache, warum mir die Entwickelung des Ursprunges dieses Begriffes so wichtig
schien, und warum ich, wenn mich vielleicht Vorurtheile, oder nicht genugsame Sachkenntniß sollten irre
geführet haben, Zurechtweisung von Herzen wünsch-
te, und gewiß mit Dank annähme.

§. 25.
Begriff von Veränderlich- und Unveränderlichkeit.

Mit den vorigen nahe verwandte Begriffe sind die von Veränderlich- und Unveränderlichkeit. Diese besteht in der Unmöglichkeit neue und entgegengesetzte Bestimmungen anzunehmen; jene in der Möglichkeit eben
dies-

dieſer Annahme. Dem Dinge alſo, dem
Nothwendigkeit zukömmt, muß Unveränderlichkeit; und dem zufälligen Veränderlichkeit
zukommen, und zwar in dem Maaße zu
kommen, als ihm Nothwendigkeit, oder Kontingenz eigen iſt.

Es giebt, wie ſchon aus dem bereits
geſagten erhellet, und in der Folge ſich noch
mehr entwickeln wird, zwo Klaſſen von Beſtimmungen: innere, die dem Dinge an,
und für ſich betrachtet; und äuſſere, die ihm
in Beziehung auf etwas von ſich Unterſchie-
denes beygelegt werden. Dieſe machen den
äuſſerlichen; jene den innerlichen Zuſtand des
Dinges aus. Nur dasjenige iſt im eigentlichen Verſtande veränderlich, deſſen innerer
Zuſtand ſich ändern kann: und wird, wenn
er ſich ändert, wirklich verändert. Der
Wechſel der äuſſeren Beſtimmungen (der
Verhältniſſe, wie wir ſie in der Folge nennen werden) thut hier nichts zur Sache.

Anmerk. Man hat die Frage aufgeworfen, ob das, was
veränderlich iſt, ſich beſtändig ändere — eine Frage,
die meines Gedunkens die Vortheile nicht gewährt,
daß man darüber entſcheiden ſoll (und am Ende —
hätte man ohne Vorliebe für ein gewiſſes Syſtem
Gründe genug, um zu entſcheiden?) Man kann
hierüber Herrn Mendelſohns Phädon nachſehen. S.
103. Frankfurter Ausg: 1785. Herr Platner in ſeinen

neu phil. Aphorismen macht davon eben Meldung
S. 340. Frankf. und Leipzig 1790.

§. 26.
Erörterung vorläufiger Begriffe zur genauern Bestimmung des Unendlichen.

Was ich oben §. 9. von Realität, und Negation nur berührte, fodert itzt eine weitere Entwickelung. Die Bestimmung, welche im Dinge etwas setzt, habe ich am angezeigten Orte Realität, und jene, die an demselben etwas aufhebt, Negation genennet. Mit andern Worten läßt sich Realität durch das, was keine bloße Abwesenheit von Etwas ist — was durch einen positiven Begriff (Log. §. 60.) kann vorgestellet werden: und Negation durch das Gegentheil erklären. Und sollten diese Erklärungen noch alle dunkel scheinen; so läßt sich durch Beyspiele helfen. Den Mangel fernerer Realität nenne ich Schranken (limes, terminus). Realitäten, denen Schranken gesetzt sind, heißen eingeschränkte, begränzte Realitäten (Realitates limitatae); die übrigen absolute, uneingeschränkte Realitäten.

Hieraus ergiebt sich:

1. Jede Realität ist entweder eingeschränkt, oder nicht. §. 17. N. 3.

2.

2. Keine Realität, als Realität genommen, führt eine Verneinung mit sich.

3. Ohne Verneinung giebt es keinen Widerspruch (§. 8.) ohne Widerspruch keine Unmöglichkeit (§. 10.) folglich ist jede Realität an sich betrachtet möglich.

4. Eben so wenig kann eine Realität irgend einer andern (beyde bloß unter dem Begriff Realität genommen) widersprechen.

5. Gleichwie also eine jede Realität möglich ist für sich, so sind es auch alle absolute Realitäten in Verbindung.

Anmerk. Ich will hier nur Begriffe entwickeln, und verspare derowegen die Anwendung derselben au einen andern Ort. Dieses will ich noch anmerken, daß, wenn etwas irgend einer Realität widerspricht, daßselbe entweder Mangel, oder mit Mangel verbundene Realität seyn müsse. — Uebrigens scheint hier der Ort zu seyn, die alte Schulphraseologie Ens positiuum, negatiuum, priuatiuum — wenns beliebt, zu erklären.

§. 27.

Begriff von Unendlichkeit. Ursprung desselben. Verschiedenheit.

Was sollen wir nun Unendlichkeit nennen? was für einen Begriff mit diesem Wort

Stöger, Metaph.   D   te

te verbinden? Sie ist Realität ohne Maß
und Grad, ohne irgend eine gedenkbare Beschränkung — die möglichst höchste Realität;
kurz das All der Realitäten.

Aber woher dieser Begriff, wodurch aller Mangel, jede Beschränkung des Realen
ausgeschlossen, und entfernet wird? Wir nehmen doch überall nur beschränkte Wesen, Realitäten, die ringsum an Mängel stossen,
wahr — begränzte Vermögen, Kräften,
Thätigkeiten unserer Seele, unsers Leibes,
der uns umgebenden Körper, der gesamm-
ten Natur? Woher also der Begriff von
Unendlichkeit? Welches ist sein Ursprung,
seine Fortführung, seine Ausbildung? — —
Jene allgemeine Quelle, aus der jeder andere
Begriff hervorströhmt — die Empfindung,
hat uns auch diesen zugeführt; Reflexion,
Absonderung, und Hinzusetzung haben ihn
ausgearbeitet, und zu jenem Grade der Klarheit gebracht, der unserm Verstande erreichbar ist. Denn ganz denken, völlig begreifen das Unendliche — dieß vermag kein endliches Wesen. Allenthalben nehmen wir Realitäten wahr — hier mehr, dort weniger.
Wir beachten dieses, und finden, daß das
Reale der Vermehrung, und der Verminderung fähig ist. Itzt sondern wir das Man-
gelhafte ab; setzen statt desselben der Realitäten

täten mehr, geben unaufhaltsam zu: und am
Ende. — haben wir lauter Realität. Sehen Sie, dies ist unser Begriff vom Unendlichen; dieses sein Ursprung, seine Fort-
bildung, seine Vollendung. S. Logik §.
54. Anmerk.

Hieraus ergiebt sich, worin die Endlich-
keit bestehe: nämlich in Mischung von Realität, und Mangel. Auch sie ist Realität, aber
begränzte, eingeschränkte Realität — Realität, die mit Mangel nothwendig verbunden
ist, und wobey immer etwas (sey es der
Ausdehnung, oder dem Grade nach, oder
an beyden zugleich) fehlen muß.

Anmerk. Auch in der Mathematik bedient man sich des
Ausdruckes unendlich; aber in einem ganz andern
Verstande. Vielleicht wäre das Wort unbestimmbar
(indefinitum) dem Begriffe angemessener. Nämlich
unendlich wird diejenige Größe genennet, die größ-
ser; und unendlich klein, welche kleiner ist, als jede,
die sich angeben läßt. Weder die eine, noch die andere ist etwas wirkliches.

§. 28.

Folgen.

Unmittelbare, in dem Begriff selbst ent-
haltene Folgen sind:

1.

1. Das Unendliche ist keines Zuwachses, und keiner Abnahme fähig.

2. Was sich ohne Ende vermehren läßt, ist nicht, und kann nicht unendlich seyn.

3. Das Endliche so oft genommen, als man will, giebt kein Unendliches im metaphysischen Verstande.

4. Weder das, was aus Theilen zusammen gesetzet ist, noch jenes, was in einer fortwährenden Reihe von Successionen besteht, ist im genauesten Sinne unendlich.

Anmerk. Aus diesen Folgerungen läßt sich die Ungereimtheit des Fortganges ins Unendliche zur Genüge begreifen. Diesen Fortgang ins Unendliche kann man sich doch nur, als eine wirklich unendliche bereits existirende Anzahl wirklich verschiedener Einheiten denken. Gesetzt nun: man fragte, ist auch die Hälfte dieser Anzahl unendlich, oder ist sie es nicht? Ist sie es nicht; so ist auch die Summe endlich: ist sie es aber; so ist das Unendliche noch eines Zuwachses fähig. Eines und das andere ist ungereimt. Ferner eine existirende Anzahl muß, als ein individuelles Ding durchgängig, folglich auch in Ansehung der beyden contradictorischen Prädikate, gerade, oder ungerade bestimmt seyn. Ist sie gerade; so muß sie in zwey Hälften können getheilet werden,

und

und da eine jede derselben nur eine endliche Anzahl seyn kann, so muß es auch das Ganze seyn, folglich verliert sich der Gedanke einer unendlichen geraden Anzahl in einen offenbaren Widerspruch. Ist sie ungerade — diese Anzahl, so zerfällt sie in Theile, deren einer größer ist, als der andere. Da nun beyde endliche Zahlen seyn müssen, so ist der Widerspruch abermal auffallend. — Mehr dergleichen Folgen werden sich nach und nach zeigen.

III. Einheit, Ordnung, Wahrheit, Vollkommenheit.

§. 29.
Was heissen alle diese Worte in metaphysischer Schulsprache?

So gelehrt in manchem Vorlesebuch diese Materie behandelt wird; so kurz will ich darüber weggehen, weil ich überzeuget bin, daß der ganze Wortkram wenig, oder gar nichts tauge.

Einheit bedeutet hier die Unzertrennlichkeit dessen, wodurch ein Ding dieses und kein anders ist.

Ordnung heißt eine nach den Regeln des Widerspruchs, und des zureichenden Grundes eingerichtete Verbindung des Mannigfaltigen.

Die

Dieſe Ordnung, die jedem Dinge zu-
kommt, wird Wahrheit; und dieſe Wahrheit, in ſo fern ſie die Uebereinſtimmung deſſen, was ein Ding ausmachet, nach ſich
zieht, wird metaphyſiſche Vollkommenheit
genennet.

Wer wird es laͤugnen, daß ein Ding,
ſo lange es ſich ſelbſt gleich bleibet, ſeine
weſentliche Beſtandtheile beybehalten; daß
das Moͤgliche frey vom Widerſpruche ſeyn;
das Wirkliche einen zureichenden Grund ſeines Daſeyns haben: kurz, daß jedes Ding
das ſeyn muͤſſe, was es iſt? Aber warum
dieſe fuͤr ſich ſo faßliche Lehren in Worte
einhuͤllen, deren gewoͤhnliche Bedeutung ganz
was anders ausdruͤcket; warum zu Schul-
phraſen ſeine Zuflucht nehmen, die nur un-
noͤthigen Zaͤnkereyen, irrigen Begriffen, und
falſchen Lehrſaͤtzen die Thuͤre oͤffnen? —
Weg mit Kunſtſprache, wo die Sprache des
Umganges dem Verſtande beſſer zu ſtatten
koͤmmt.

* Ich kann mich nicht enthalten, meinen H.H. Zuhoͤrern
   eine Stelle aus Herrn Prof. Ulrichs Metaphyſik
   auszuheben, die Ihnen das Geſagte im neuen ver-
   ſtaͤrkten Lichte zeigen wird. „Die metaphyſiſche
   Ordnung, Wahrheit, Vollkommenheit, Guͤte, Einheit u. ſ. w. ſind Eigenſchaften, die in jedem Dinge ohne Ausnahme anzutreffen ſeyn ſollen; die me-
                                                taphy-

taphysische Ewigkeit, und Unveränderlichkeit nicht
zu vergessen. Und mich wundert, daß niemand den
Einfall gehabt hat, für jedes Ding eine metaphysi=
sche Schönheit zu beweisen. Man hätte ja nur die
Erklärung darnach einrichten dürfen. Die metaphy=
sische Ordnung ist beynahe von eben der Art, wie
diejenige, die Liscov an den elenden Scribenten
lobt. Jedes Ding ist möglich. In jedem Dinge ist
alles also der Regel des Widerspruchs, oder auch
des zureichenden Grundes gemäß, mit einander
verknüpft. Diese Uebereinstimmung mit gedachten
Regeln ist metaphysische Ordnung. Die Ordnung in
dem Mannigfaltigen, was einem Dinge zukömmt,
ist metaphysische Wahrheit. Jedes Ding hat also
als Ding, wenigstens metaphysische Wahrheit. Der
verfälschteste Wein hat doch wenigstens seine meta=
physische Wahrheit. — — Wo mehrere Stücke über=
einstimmen, ein Drittes auszumachen, da ist me=
taphysische Vollkommenheit. Diese findet z. E. bey
der liederlichsten Lebensart statt, wo alles zusam=
men stimmt, einen Taugenichts, einen Ignoranten,
oder so etwas zu bilden. Aber wodurch eine gewisse
Vollkommenheit gesetzt wird, das ist gut — meta=
physisch gut; wir dürfen also auch kein Bedenken tra=
gen, jedem Dinge eine gewisse metaphysische Güte
zu zugestehen. Metaphysische Einheit ist die Un=
zertrennlichkeit dessen, wodurch ein Ding dieses,
und kein anders ist. Jedes Ding ist also metaphy=
sisch eins. Alle Dinge haben von Ewigkeit her eine
ideale Existenz in dem göttlichen Verstande gehabt:
jedes Ding ist also metaphysisch ewig. — O he, jam
satinest!„   §. 30.

76

Zweytes Hauptſtück.

Von dem Dinge in Vergleichung mit andern betrachtet.

---

§. 30.
Inhalt dieſes Hauptſtückes.

Vergleichen heißt zwey, oder mehrere Dinge zuſammen halten, um zu ſehen, was ſie mit einander gemein, und was jedes derſelben für ſich eigen hat. Die Idee, die aus dieſer Betrachtungsart bey uns entſteht, heißt Verhältniß (Relatio). So eine Vergleichung läßt ſich theils a) nach den Merkmalen; theils b) nach dem Daſeyn anſtelen. Die Begriffe, die man in jeder dieſer Rückſichten erhält, ſind der Stoff, den wir in dieſem Hauptſtücke zu behandeln haben.

Anmerk. Ohne mein Erinnern würde man begreffen, daß nach dieſer Erklärung das Verhältniß keine Beſtimmung weder des einen, noch des andern, der unter ſich verglichenen Dinge ſeyn könne; ſondern eine Beſtimmung des deutenden Subjectes: obgleich der Grund eines ſolchen Verhältniſſes (ratio fundandi ſ. fundamentam relationis) in gewiſſen innerlichen Beſtimmungen der Dinge ſelbſt liegt, und in dieſem Betrachte objectiviſcher Natur iſt.

Wir

⁎ Was die gewöhnlichen Schulausdrücke: Terminus relationis, ſubjectum, correlata u. d. gl. ſagen wollen, kann hier erklärt werden.

Erſter Abſchnitt.

Verhältnißbegriffe nach den Merkmalen.

§. 31.
Einerley, und verſchieden.

Einerley können die Dinge auf verſchiedene Weiſe genannt werden: Einerley der Gatung (eadem genere.); der Art (eadem ſpecie); der Zahl nach (eadem numero). Es kömmt alſo darauf an, von was für einer Art des Einerley die Rede iſt.

Ueberhaupt heißt Einerleyſeyn ſo viel, als mit und für einander verwechſelt werden können, ohne daß durch dieſe Verwechſelung eine anderweite merkliche Veränderung geſetzt werde. Einerley alſo der Gattung, oder der Art nach heiſſen diejenigen Dinge, deren eines für das andere in Hinſicht auf jene Merkmale, wodurch der Begriff der Gatung, oder der Art beſtimmet wird, unterſtellet werden kann. So ſind z. B. Pferd, Hund, Löwe, Menſch der Gattung; Ariſtoteles, Plato, Newton ꝛc. der Art nach einerley. Der Zahl nach) würden jene Din-

ge

ge einerley zu nennen seyn, in deren einem
keine — weder äussere, noch innere Bestim=
mung anzutreffen wäre, die in dem andern
sich nicht eben so einfände — Dinge, die
dem ganzen Wesen nach eines, und das
nämliche wären. Diese Erklärung scheint
mir genug zu seyn, um begreiflich zu ma=
chen, daß es unmöglich ist, daß nur zwey
ausser einander wirkliche Dinge in diesem
Verstande einerley seyn können. Sollte
noch oben drein ein Beweis gefodert wer=
den, so kann man ihn im A. G. B a u m=
g a r t e n s Metaphysik §. 187. finden.

Was verschieden zu nennen sey? —
Was verschieden der Gattung, der Art, der
Zahl nach heisse? Dieses alles ergiebt
sich von selbst aus dem Gesagten. Nur
das einzige will ich anmerken, daß man,
und zwar mit gutem Grunde, einige Din=
ge der Sache nach (realiter); andere dem Be=
griffe nach verschieden (formaliter s. ratione
distincta) zu nennen pflege. Dinge, die
für sich, ohne Zuthun des Verstandes, von
einander sich unterscheiden, heissen der Sa=
che nach — die übrigen dem Begriffe nach
verschieden. Ein Beyspiel von jenem giebt
uns Seele und Körper; von diesem Ver=
stand und Wille. Die übrigen Subtili=
täten der Schule über diesen Gegenstand
kön=

können getrost der Vergessenheit überlassen werden.

Anmerk. Nirgends, scheint mir, hat der Witz der Scholastiker, mehr sein Spiel getrieben, als in eben dieser Materie von der Identität, und Distinction; nirgends mehr Subtilitäten ausgeheckt, und nirgends die Distinctionen, und Subdistinctionen (ja selbst diese mußten sich wieder subdistinguiren lassen) mehr vervielfältiget, als eben hier. Um sich zu überzeugen, darf man nur Ant. Genuensis Elem. metaph. Part. prior. Cap. IV. und noch mehr Donati a transfig. Dol Introd. in vniuerſ., Phil. Tom. II. Diſſ. III. c. 2. nebst den darauf folgenden Exercitat. ſchol. de attributis communibus entis nachſehen. Ich denke, die Zeiten (o daß sie doch niemals wieder einträten!) wo man mit dergleichen Spitzfindigkeiten sich den Nahmen, und das Anſehen eines Gelehrten zuzog, sind vorüber, und unterschreibe dem Urtheile meines würdigen Herrn Kollega, und Vorfahrers Prof. Beck's, der in seinen Inſtit. metaph. §. 128. ſchol. seine Meinung mit diesen Worten äuſſert: „Diſtinctionis apud ſcholaſticos infinita poene diſtinctio reperitur. Haec autem, quae §. cit. diximus (*et quibus analoga in praeſenti §. propoſui*) nobis ſufficiant, quibus tantum non ſubpetit otii, vt iis ſcholarum litibus inhaereamus, quibus omni ſollicitudine, et cura perueſtigatis plus non obtinetur, quam ſubtiliſſima quaedam confuſio, et chaos horribiliſſime confuſum, quales potiſſimum ſunt illae Thomiſtarum, et Scotiſta-
.rum

rum de fuis diſtinctionibus, ex quibus hi pro *formali ex natura rei* inter genera eorum, differentia, attributa, et proprietates etc. feu inter gradus, vt vocant, metaphyſicos admittenda: illi pro *virtuali intrinſeca* jam vltra quatuor faecula tam acriter dimicarunt, vt non folum calumniarum fpicula, fed et fulmina anathematum, inuita Eccleſia, in fe mutuo conjecerint. Hodiedum tamen nemo vllus ſcit, quis ex acie victor redierit; imo ſi acta iſtius belli perlegis, meditarisque, numquam quid aliud certi intelliges, quam quod caput cum ingenti diſtinctionum farragine praegrauatum, diſtentumque doleas, hoc, inquam, intelliges, praetereaque nihil."

§. 32.

Reflexionen über den vorhergehenden §.

Aus dem Gefagten erhellet, daß einerley Ding d. i. eines, und daſſelbe Ding ganz was anders ausdrücke, als einerley Dinge. Dieſer Ausdruck bezeichnet ſpecifiſche, oder generiſche — immer reſpective Identität; jener die numeriſche, d. i. abſolute, völlige Identität. In dieſem Sinne iſt ein Ding nur mit ſich ſelbſt einerley. Aber eben hieraus entſtehet die nicht unwichtige Frage: Wie lange ein jedes vorhandene Ding mit allen ſeinen ſucceſſiven Veränderungen, und Zuſtänden doch immer das nämliche Ding — einerley mit ſich, das Selbſt bleibe, das es war? oder mit an-

dern

dern Worten gesagt, es entsteht die Frage:
ob, und wie lange ein Ding, das der Veränderung unterworfen ist, in seiner numeri-
schen Identität verharre, oder verharren
könne?

Es ist nichts weniger, als gleichviel,
von was für einer Art von Gegenständen
die vorgelegte Frage soll verstanden werden.
Anders muß die Beantwortung derselben
ausfallen, wenn von einer bloß materiellen todten Masse; anders wenn von Pflanzen; anders wenn von Thieren; und wieder anders wenn von dem, was Person
heissen soll, die Rede ist. * Ueberhaupt setzt
man mit allem Rechte die numerische Identität eines Dinges in die ihm zukom-
mende eigenthümliche, unmittheilbare,
nach Ort, und Zeit bestimmte Particu-
larexistenz desselben. So lange also diese
besondere Existenz in dieser bestimmten Einheit fortdauert, so lange behält das Ding
seine numerische Identität, und diese Identität hört auf, so wie die besagte Fortdauer
gehemmet wird. Wie, und auf was Art
kann nun dieses geschehen? — Bey einer
materiellen todten Masse durch Vermehrung, oder Verminderung der Bestandtheile;
bey Pflanzen durch Zerrüttung der einer jeden Gattung, und Art eigenen Organisa-
tion;

tion; bey Thieren durch Unterbrechung des
Lebens in dem auf eine bestimmte Weise
organisirten Körper. Aber persönliche Identi‑
tät — was zerstöret die? Lassen Sie uns
vorerst untersuchen, was Person heisse?
Locke sagt: ** „das Wort Person bezeich‑
net ein denkendes, mit Verstand und Ver‑
nunft begabtes, reflexionsfähiges, sich in
seinem Selbst erkennendes Wesen, das zu
verschiedenen Zeiten, und an verschiedenen
Orten sich unterschieden von jedem andern
immer als ebendasselbe betrachtet. „ Hier‑
aus ergiebt sich nicht nur, worin persönliche
Identität bestehe, sondern auch, daß sie auf‑
höre, so bald die Kontinuität dieses beson‑
nenen Bewußtseyns unterbrochen wird.

* Uiber diesen Gegenstand verdient vorzüglich Locke ge‑
lesen zu werden. de Intell. hum. L. II. cap. 27.
Titel, in seiner Metaph. S. 194.

** Am angeführten Orte §. 9. „Vt in quonam consi‑
stat *personalis identitas* inuestigemus, considerandum
est, quid vox persona significet. Ea, puto, est ens
cogitans, intelligens, rationis, et reflexionis capax,
quodque potest seipsum considerare tanquam seipsum,
idem nempe ens cogitans in locis, et temporibus di‑
uersis; quod facit per consciam istam notitiam, quae
nequit a cogitatione seperari; atque vt mihi videtur,
eidem essentialis est.‘‘

§. 33.

Aehnlich, und unähnlich; gleich, und ungleich.

Was ähnlich, oder unähnlich; gleich, oder ungleich zu nennen sey, läßt sich erst dann vollkommen einsehen, nachdem die Begriffe von Größe, und Eigenschaft entwickelt sind.

Größe (Quantitas) wird bald überhaupt — unter einem allgemeinen Begriff; bald in dem besondern, und bestimmtern Gegensatz auf Eigenschaft gebraucht. Im ersten Verstande bezeichnet es die Menge dessen, was irgend ein Ding constituirt; und so läßt der Begriff mancherley Anwendungen zu, z. B. auf ausgedehnte, und unausgedehnte Dinge; auf Last, und Kraft, auf Zahlen u. s. f. Im zweyten Falle verstehet man durch Größe diejenige innere Beschaffenheit eines Dinges, die zwar gegeben, aber ohne etwas anders mit aufzunehmen nicht deutlich gemacht werden kann. Man fragt z. B. Wie groß ist Kleon? Um den, der fragt, zu befriedigen, muß ich entweder mit irgend einem ihm bekannten Menschen eine Vergleichung anstellen, oder sonst einen gewissen Maßstab gebrauchen, von dem er eine deutliche Vorstellung hat.

Eigenschaft (Qualitas) ist nun eine jede solche Beschaffenheit der Sache, die sich für sich schon erkennen läßt, und ohne etwas anders dabey zu gebrauchen, einer deutlichen Angabe fähig ist. Dergleichen sind die wesentlichen Darstellungsstücke, die Attribute, die Moden, und die Möglichkeiten dieser letztern. **

Dieses vorausgeschicket wird nun mit leichter Mühe verstanden, was Gleichheit und Aehnlichkeit ist. Die Uebereinkunft — Identität der Größe an zweyen, oder mehreren Dingen heißt Gleichheit (aequalitas); die Uebereinkunft Identität der Eigenschaften Aehnlichkeit (aequalitas). Hieraus der Begriff der Ungleichheit, und der Unähnlichkeit. Kommen Dinge an Größe, und Eigenschaften zugleich überein, so sagt man sie congruiren. Congruenz ist also Gleichheit ähnlicher Dinge.

* Man sehe hierüber Phil. prim. Christ. Wolfii Part. I. sect. III. cap. V.

** Im angeführten Orte §§. 456. 457. etc. Gelegenheitlich lassen sich hier über die Definitionen anderer Philosophen, besonders der Scholastiker in dieser Materie ein paar Worte anbringen.

§. 34.

§. 34.
Von dem Grundſatz des Nichtzuunterſcheidenden.

Auf die Lehre von Jdenditát, Aehnlichkeit, und Gleichheit gründet ſich die Beantwortung der Frage über den Grundſatz des Nichtzuunterſcheidenden (principium indiſcernibilium). Man verſtehet unter dieſem Ausdrucke die Unmöglichkeit einer völligen, durchgängigen Uebereinſtimmung zweyer wirklich vorhandener Dinge. *

Daß hier die Rede von numeriſcher Jdenditát nicht ſeyn könne, verſteht ſich von ſelbſt. (§. 31.) Die Frage betrifft nur die vollkommenſte Aehnlichkeit, und Gleichheit. Was ſollen wir uns aber unter dieſen Worten denken? Eine ſolche Uebereinſtimmung zweyer, oder mehrerer Dinge, vermöge welcher ſie durchaus in ihren Beſtimmungen, nur etwa die verſchiedenen äußern Verhältniſſe der Zeit, und des Ortes ausgenommen, ſo zuſammentreffen, daß ſie ſich einzig, und allein der Zahl nach unterſcheiden.

Der Streit, ob dergleichen Dinge möglich ſind, oder nicht, iſt uralt. Schon Cicero machet davon Meldung in ſeinen Schriften. ** Auch von den Schotaſti

Stöger, Metaph.　　E　　　ſcern

lern des mittlern Zeitalters wurde dieſe Frage gerüttet. *** Leibnitz hat ſie aber allgemeiner gemacht, und fruchtbarer angewendet. Mit Anſehen läßt ſich hier, wie
überall in der Philoſophie, Nichts entſcheiden. Die eine, und die andere — ſtraks
entgegen geſetzte Meinung hat die größten
Männer zu Vertheidigern. Die innern
Gründe ſcheinen mir für die Möglichkeit ſolcher Dinge zu ſprechen. Ich räſonnire ſo:

Was unmöglich iſt, das iſt es entweder an, und für ſich ſelbſt — ſeinen innern
Merkmalen nach, die einander widerſpre-
chen; oder es iſt es gewiſſer Bedingungen,
und Umſtände wegen (§. 12.).

Im erſten Falle wo iſt der Widerſpruch,
auf den ſich die Unmöglichkeit des einen aus
zweyen, oder mehreren durchaus ähnlichen,
und gleichen Dingen gründet? — Er iſt allerdings unerweisbar. Im zweyten Falle
iſt es die Bedingung.

* S. Récueil de diuer. piéc. Tom. I. Ecrit. 4. et 5. de
Mons. Leibnitz.

** Quaeſt. Acad. L. IV. c. 26. „Omnia dicis ſui gene-
riſ eſſe, nihil eſſe idem, quod ſit aliud. Stoicum
eſt quidem, nec admodum credibile, nullum eſſe
pilum omnibus rebus talem, qualis ſit pilus alius,

nullum granum. Haec refelli possent. Sed pugna-
re nolo. „

*** Scotus QQ. Metaphyf. L. 7. q. 13. apud Jof. Tamagna
Inft. phil. T. I. p. 190.

Anmerk. Die Bedingung, wodurch die Hervorbringung,
oder das Daseyn zweyer vollkommen ähnlicher Dinge unmöglich gemacht werden soll, glaubt man insgemein in dem Satze des zureichenden Grundes zu
finden. Gott, heißt es, würde ohne zureichenden
Grund handeln, wenn er zwey Dinge hervorbringen wollte, die ganz völlig sich ähnlich wären. Allein wenn ich nicht irre, so sind wir viel zu schwach,
Gott seine Gründe nachzurechnen, oder zu bestimmen, was der Allmächtige mit Grund thun könne,
oder nicht könne. Wir können es sogar bey Menschen nicht immer; und wir irren, indem wir es
thun, nur gar zu oft. Zudem widersprechen die
Schlüsse, durch deren Beyhilfe man Gott die Macht,
dieses, oder jenes zu thun, wegräsonniret, gemei-
niglich den Regeln der Logik. Man schließt im
Grunde fast immer so: ich begreife die Möglichkeit
der Sache nicht; also kann sie auch nicht seyn —
nicht geschehen.

*S. Herrn Moses Mendelssohns phil. Schriften I
Theil viertes Gespräch.

Zwey-

Zweyter Abschnitt.

Verhältnißbegriffe nach dem Daseyn.

§. 35.

Vorerinnerung.

Raum, und Zeit, und die damit verwandten Begriffe sind der Gegenstand dieses Abschnittes — ein Gegenstand, dessen Betrachtung man sich, wie Herr Feder sagt, mit Zittern nähern soll. Die den vorzutragenden Fragen anklebende Dunkelheit sowohl, als die Verschiedenheit, oder vielmehr der Kontrast der Meinungen, zu denen sich die größten Denker von jeher bekennet haben, und noch immer bekennen, und die unübersteiglichen Schwierigkeiten, die einer jeden derselben eigen sind, tragen alle das ihrige bey, dem aufrichtigen Wahrheitsforscher bange zu machen. Allein eben dieses wird Warnung für ihn, den stolzen Ton des Allentscheiders zu vermeiden, und dann stille stehen, wann er jene Gränze erreichet hat, über die kein Menschenwissen hinausreicht. Wir wollen unsere Untersuchungen mit der Lehre vom Raume anfangen, und dann mit jener der Zeit beschließen.

§. 36.

§. 36.

Verſchiedene Meinungen der Philoſophen vom Raume.

Ueber die Natur des Raumes haben die Philoſophen von jeher ganz verſchieden gedacht. Was der eine als wahrſcheinlich, oder wohl gar als gewiß aufſtellte, das hat noch immer ein anderer als unwahrſcheinlich, oder falſch verworfen. Ich hielte es der Mühe werth, dieſe verſchiedene Meinungen anzuführen, ehe ich das, was nach meiner Einſicht für mich die größte Wahrſcheinlichkeit hat, vortrage.

Nach der älteſten, und gewöhnlichſten Meinung iſt der Raum ein abſolutes, für ſich ſelbſt exiſtirendes Etwas, worinn die vorhandenen Dinge außer einander ſind, oder ſeyn können. Was dieſes Etwas eigentlich ſey, darüber ſind die Vertheidiger dieſer Meinung unter ſich ſelbſt nicht einig — werden es wohl niemals werden. Daran iſt die Dunkelheit, die unſern Begriffen von den Weſen der Subſtanzen anklebt, Urſache; und ſo lange dieſe Dunkelheit fortdauert, darf man nicht hoffen, daß ſich die Schwierigkeiten alle ſollten heben laſſen, auf die man nothwendig ſtößt, ſo bald das reale Etwas, das man Raum nennet, irgend einer beſtimmten Klaſſe uns bekannter Subſtan-

stanzen zugezählet wird. Locke scheint hier
noch den besten Weg eingeschlagen zu haben.

Eben diese Schwierigkeiten von denen
wir jetzt geredet haben, hatten andere Philosophen bewogen, sich zu anderen Meinungen zu bekennen. Cartes hielt Raum, und
Körper für einerley Dinge, die nicht der
Sache nach, sondern in der Art, und Weise, wie wir uns selbe vorzustellen pflegen,
von einander unterschieden sind. Nach
Leibnitz sollte Raum die Ordnung der simul-
tanen Dinge seyn, wovon der Grund theils
in der Natur des menschlichen Erkenntnißvermögens, theils in den Dingen an sich
enthalten ist. Wolf unterschied vom wirklichen Raume, der nach ihm die Verhältnisse der Dinge ausmachet, sowohl den
Raum in abstracto d. i. die Möglichkeit des
Außer- und Nebeneinanderseyns der Gegenstände, die als eine stäte Ausdehnung vor-
gestellt werden muß, als auch den imaginä-
ren Raum, der in einem realisirten Bilde
von der stätigen Ausdehnung, in welchem
gleichzeitige Dinge seyn können, bestehen soll.

Ganz verschieden von dem bisher gesagten ist, was Herr Kant vom Raume
lehrt. Nach diesem Philosophen, der in
der

der Geschichte der Philosophie Epoche macht, ist der Raum nichts anders, als die subjective Form unsers Gemüthes, die allen äußern Erscheinungen zum Grunde liegt, d. h., der Raum ist die Bedingung, welche die Anschauungen des äußern Sinnes möglich macht, und die Vorstellung vom Raume, weit entfernt aus den Verhältnissen der äußern Erscheinung durch Erfahrung erborgt zu seyn, ist schon vor aller Erfahrung da. Da diese Lehre einen Fundamentalartikel der kantischen Meinung über die Natur, und die Gränzen des menschlichen Wissens ausmachet, so scheint sie eine genauere Prüfung nicht nur zu verdienen, sondern mit vorzüglichem Rechte zu fodern.

z Man sehe um sich von dem gesagten zu überzeugen Plato's Timäus Ed. Bip. Vol. IX, p. 349. Aristotolis Physic. L. IV. c. 1 — 5. Locke II. de Int. hum. L. II. c. 13. Kartes princ. Phil. P. II. §. 10 — 12. Leibnitz Tom. II. Oper. omn. Studio Lud. Dutens edit. p. 121 et 129. sq. Wolf Ont. §. 589 — 601. Kants Crit. d. r. V. I. Ausgb. S. 22. Proleg. S. 48

§. 37.

Kantische Gründe.

Um aber bey dieser Prüfung Unpartheylichkeit und Ordnung auf das genaueste zu

zu beobachten, scheint es mir nöthig zu seyn,
vorläufig die Gründe anzuzeigen, die Herrn
Kant bestimmet haben, den Raum als Form
des äußern Sinnes anzugeben, und von der
Vorstellung desselben zu behaupten, daß sie
weder einen Erfahrungsbegriff, noch einen
Allgemeinbegriff ausmachen könne, sondern
als reine Anschauung a priori vor aller Erfahrung vorausgehen, und schon in der Natur der menschlichen Seele gegründet seyn
müsse.

Solcher Gründe finde ich vorzüglich
fünf. *

I. Um gewisse Empfindungen auf Etwas
außer uns beziehen, und die dabey
anscheinende Gegenstände als außerein-
ander, mithin nicht blos verschieden,
sondern als in verschiedenen Orten uns
vorstellen zu können, muß schon die
Vorstellung des Raumes zum Grunde
liegen. Folglich kann diese Vorstellung
aus den äußern Erscheinungen nicht ab-
genommen — der Begriff vom Raume kein empirischer Begriff seyn.

II. Man kann sich niemals eine Vorstellung davon machen, daß kein Raum
sey, ob man sich gleich ganz wohl den-
ten

ken kann, daß keine Gegenstände darin angetroffen werden. Folglich muß der Grund dieser Vorstellung vom Raume tiefer in uns liegen, und unabhängig seyn von den Erscheinungen der Sinne: er muß vielmehr, als ihnen zum Grunde liegend, vor aller Erfahrung (a priori) in uns seyn.

III. Wäre die Vorstellung des Raums ein a posteriori erworbener Begriff, der aus der äußern allgemeinen Erfahrung geschöpft wäre: so würden die ersten Grundsätze der mathematischen Bestimmung nichts als Wahrnehmungen seyn. Sie würden also alle Zufälligkeit der Wahrnehmungen haben; und es wäre eben nicht nothwendig (was es in der That doch ist) daß z. B. zwischen zween Puncten nur Eine gerade Linie sey, sondern man könnte nur eben keine Gegenerfahrung dawider aufbringen. Was von der Erfahrung entlehnt ist, hat nur comparative Allgemeinheit, nämlich durch Induction. Der Satz würde also eigentlich nur diesen Sinn haben: so viel zur Zeit noch bemerkt worden, kann zwischen zween Puncten nur eine gerade Linie seyn. So viel zur Zeit noch bemerkt worden, ist kein

Raum

Raum noch gefunden worden, der mehr
als drey Abmessungen hätte.

IV. Allgemeine Begriffe finden wir in
jedem Gegenstande ganz. So wird z.
B. der Begriff Ding in allen Objecten
angetroffen, und nicht etwa ein Theil
von dem Dinge, sondern alles, was
der Begriff von demselben enthält. Eben
dieses gilt von dem Begriff Mensch,
Triangel, und von jedem andern allgemeinen Begriff. Allein ganz anders
verhält sich die Sache beym Raume.
Wir können uns nur Einen Raum
vorstellen; und wenn wir gleich von
mehreren Räumen reden, so sind es
nur Theile eines, und eben desselben
Raumes. Auch setzen wir nicht etwa
dieses grosse Ganze des Raumes aus
Theilen zusammen, die wir erst nach
und nach kennen lernten; sondern das
Ganze ist zu erst in uns, und die Theile werden erst durch die Vorstellung
des ganzen möglich. Also ist der Raum
kein allgemeiner Begriff, sondern liegt
als Anschauung a priori im Gemüthe.

V. Eben dieses erhellet auch daraus,
weil der Raum, als eine unendliche
Größe gegeben vorgestellet wird. Ein

all-

allgemeiner, abgezogener Begriff würde in Ansehen der Größe nichts bestimmen. —

Diese Gründe sind es nun, auf welche Herr Kant seine Behauptung von der Priorität sowohl, als von Subjectivität des Raumes stützet. Ich habe sie größtentheils mit seinen eigenen Worten, oder wenn es Lokalumstände zu fodern schienen, einen andern Ausdruck zu wählen, mit den Worten derer vorgetragen, die H. K. Zeugniß selbst vor dem Vorwurfe schützet, ihn mißverstanden, oder demselben einen fremden Sinn angedichtet zu haben. Auf diese Weise glaube ich einen gewissen Lieblings-Einwurfe vorgekommen zu seyn. — Nun zur Untersuchung der Gründe selbst.

* Kants transc. Aesthetik erster Abschn. S. 22. K. b. r. Z.

§. 38.
Würdigung dieser Gründe.

Ich muß ganz offenherzig bekennen, daß die angeführten Beweise, weit entfernt, mich zu überzeugen, oder, wie man sich lieber ausdrückt, die kantische Behauptung als apodictisch wahr darzuthun, mir nicht einmal Wahrscheinlichkeit zu gründen scheinen. Immer kömmt mir vor, man setze

als

als gewiß, und ausgemacht voraus, was
erst strenge zu beweisen ist, und wovon das
Gegentheil zu denken, andere — freylich nur
Popularphilosophen sich noch immer aus gu-
ten Gründen berechtiget glauben. Es heißt
z. B. gleich Anfangs im ersten Abschnitt der
transsc. Aesth.: „Vermittelst des äußern
Sinnes stellen wir uns Gegenstände als
außer uns, und diese insgesammt im
Raume vor.„ Ist wohl dieser Satz für
sich schon so einleuchtend, daß er keines Beweises mehr bedarf? In seiner ganzen Allgemeinheit genommen, hat er seine grosse
Bedenklichkeiten. Ja, ich getraue mir ihn
falsch zu nennen. Er gilt eigentlich nur von
dem Organ des Gesichtes, und selbst bey
seinen Gegenständen, von denen wir vermittelst dieses Organs afficirt werden, kann
noch eine Ausnahme Platz haben. Es würde nicht schwer lassen, mehr dergleichen Sätze auszuheben. — Doch wir wollen jetzt
den Werth der oben angeführten Gründe
prüfen.

Was den ersten kantischen Grund betrifft, gebe ich zu, daß um Dinge als existirend im Raume mit deutlicher Unterscheidung uns vorstellen zu können, (und dieses
scheinen die Worte des angeführten Beweises doch nur sagen zu wollen) die Idee vom
Rau-

Raume schon zum Grunde liegen müsse. Wer
als Kenner der Sache — aus deutlicher Einsicht, und inniger Ueberzeugung urtheilet,
daß Etwas schön, wahr, oder gut ist, muß
doch vorläufige Begriffe haben, was Schönheit, Wahrheit, oder Güte sey. Aber es
fragt sich, konnten nicht diese Begriffe aus
Empfindungen gebildet seyn, ehe der Verstand so zu urtheilen angefangen hat? Und
eben dieses scheint mir hier der Fall zu seyn.
Die Unmöglichkeit, daß der Begriff vom
Raume auf diese Weise in unserm Gemüth
entstehen konnte, diese Unmöglichkeit
muß klar gezeiget werden, wenn der Beweis giltig seyn soll. Und dieses dürfte bey
der Dunkelheit, in welche die Fragen von
der ersten Gründung, und Entwickelung
menschlicher Begriffe gehüllet sind, so ziem-
lich schwer lassen.

Der zweyte Grund — hergenommen
von der Unmöglichkeit uns der Vorstellung
des Raumes, wenn wir auch alle Dinge
im Raume wegschaffen, gänzlich zu entledi-
gen, scheint mir den aufgestellten Satz wieder nicht zu beweisen. Wie vieles, was
unstreitig aus Empfindung entsprang, läßt
sich nicht wieder wegbringen aus unserer
Vorstellung? Man nehme das Beyspiel von
Worten. Wer kann abstrakte Begriffe denken,

ken, ohne die Worte, oder andere willkür=
liche Zeichen beym Denken zu Hilfe zu ru=
fen? aber folgt wohl hieraus ihre völlige
Priorität?

Laſſen Sie uns den angeführten Grund
noch von andern Seiten betrachten. Neh=
men wir auf eine Weile an, daß wir uns
der Vorſtellung des Raumes bey unſerm
Denken nicht enthalten können: folgt wohl
hieraus, daß der Grund derſelben nur ſub=
jectiv, und auf keine Weiſe objectiv ſeyn
könne? Iſt ſo durchaus unmöglich, daß die=
ſe Nothwendigkeit aus dem wirklichen Ver=
hältniſſe der Außendinge unter ſich, und zu
unſerer Sinnlichkeit herſtamme? dieſe Un=
möglichkeit muß bewieſen werden. Allein
das Factum ſelbſt iſt nichts weniger, als
gewiß. Alle Erfahrung iſt Zeuge, daß wir
uns nur zu oft in einer Lage befinden, in
der wir an nichts weniger, als an Raum
denken. Selbſt nach kantiſchen Grundſä=
ßen läßt ſich dieſes nicht läugnen. Nur
das bildlich angeſchaute iſt es, was wir
immer in Raum verſetzen. Allein hieraus
folgt nur, daß der Raum ein weſentliches
Stück unſerer ſinnlichen Vorſtellung iſt;
keineswegs aber folget ſeine völlige Prio=
rität, ſeine gänzliche Unabhängigkeit von al=
ler Erfahrung. Ich hätte ſogar Luſt zu be=
weiſen,

weiſen, H. Kant rede in ſeinem angefüͤhr-
ten Grunde nicht einmal vom Raume als
Vorſtellung, ſondern als vom Etwas, das
ſeyn wuͤrde, wenn auch keiner es ſich vor-
ſtellte. Sollte dieſer mein Gedanke nicht
irrig ſeyn, ſo waͤre man allerdings befugt
zu fragen, was hat dieſes Etwas mit dem
Raume als Vorſtellung zu thun, und warum ſoll dieſe nothwendig a priori ſeyn,
wenn es jenes Etwas iſt.

Der dritte Grund ſoll eigentlich die
Hauptſtuͤtze der kantiſchen Lehre vom Raume
ſeyn. Ohne mich hier ins Detail aller der
Allgemeinſaͤtze, die er enthaͤlt, einzulaſſen,
ſage ich nur, daß mir der nothwendige Zuſammenhang des Vorderſatzes mit dem
Schlußſatze der doch ein weſentliches Stuͤck
einer jeden Schlußrede ausmachet, noch
nicht bewieſen ſcheine. Und dieſen Beweis,
daͤchte ich, darf man immer fordern, wenn
die Sache an, und fuͤr ſich nicht evident
iſt. „Alle Saͤtze der Geometrie von den
Eigenſchaften des Raumes haben apodictiſche
Gewißheit: alſo kann die Vorſtellung vom
Raume kein a poſteriori erworbener Begriff ſeyn.“ Warum doch? „In dieſem
Falle waͤren ja die Grundſaͤtze der mathe-
matiſchen Beſtimmung nichts als Wahrnehmungen, die nothwendig alle Zufaͤlligkeit

der

der Wahrnehmung an sich hätten." Wahrnehmungen, also zufällig? Man erlaube mir zu fragen: Ist wohl irgend eine Erkenntniß möglich ohne Wahrnehmung? — Ich dächte, nein. Ist nun Zufälligkeit das allgemeine, nothwendige Loos aller Wahrnehmungen, so giebt es für uns keine nothwendige Erkenntniß — keine allgemeine Wahrheit. In diesem Falle wie steht's nun mit der apodictischen Gewißheit aller geometrischen Sätze? Erhält sie sich, so dürfte wohl der Grundsatz, daß alle Wahrnehmungen nur zufällige Wahrheit enthalten, eine Ausnahme leiden. Wenn ich nicht irre, so kömmt es hier auf die Frage an, ob die Erfahrung wohl nothwendige, allgemeine Wahrheit lehren könne? Hierauf ist §. 24 geantwortet worden.

Die Hauptstärke des vierten, und fünften kantischen Grundes bestehet darin, daß wir uns nur Einen Raum, und zwar als eine unendlich gegebene Größe vorstellen. Dadurch soll unmöglich gemacht werden, daß der Raum ein allgemeiner abgezogener Begriff seyn könne. Er muß eine reine Anschauung a priori seyn, die den Grund der Möglichkeit enthält, daß wir von Theilen des Raumes, und von verschiedenen Räumen denken, und reden können. Ehe ich

die

die volle Beweiskraft dieser angeführten Gründe eingestehe, muß vieles noch erwiesen werden, was bis jetzt nicht nur noch unerwiesen, sondern nicht einmal erweisbar scheint.

1. Daß alle Menschen den Raum, als eine unendlich gegebene Größe sich vorstellen, und vorstellen müssen;

2. Daß diese Vorstellung von einem einigen, unendlichen Raume den Vorstellungen von bestimmten, und eingeschränkten Räumen der Zeit nach vorgehe;

3. Daß diese vorgebliche Unendlichkeit, oder vielmehr Unermeßlichkeit des Raumes durchaus nicht das Werk unserer Erkenntnißkräfte — daß ihr Grund durchaus nicht in der nun einmal vorhandenen Bestimmung der Seele, alles sich irgendwo vorzustellen seyn könne.

Meines Erachtens wird es schwer lassen, alle diese Puncte mit apodictischer Gewißheit zu beweisen: wenigstens werden diejenigen noch lange mit ihrem Beyfalle zaudern, denen die Loosungsworte: Es ist apo-

dictisch gewiß — das ehemalige Q. E. D.
noch nicht für Beweise gelten. Bekannt
mit den Wirkungen der Imagination, mit
den mannigfaltigen Gängen des menschlichen
Vorstellungsvermögens, mit der Verschiedenheit der Ideale, die am Ende immer der
Verschiedenheit der erhaltenen Eindrücke entspricht, werden sie noch lange Gründe zu
zweifeln finden. Auch zugegeben, daß dem
Begriffe vom Raume überhaupt, und im
Ganzen genommen, nur ein einziger Gegenstand entspreche, werden sie noch die
Unmöglichkeit seines empirischen Ursprunges
verneinen, werden die Unendlichkeit nie als
ein Stück unserer positiven Erkenntniß ansehen, werden über eine Menge noch nicht
entwickelter Unbestimmtheiten zu klagen haben.

Anmerk. Unter vielen wider die kantische Kritik der
r. V. erschienenen Schriften empfehle ich meinen
HH. Zz. vorzüglich nebst Feders Abhandlung über
Raum, und Kausalität die kritischen Briefe eines Ungenannten an H. I. Kant über seine K. d.
r. V. Um Sie mit dem Geiste des mir unbekannten Verfassers dieser Briefe in etwas bekannt zu
machen, hebe ich aus dem 9ten Briefe eine kurze
hieher passende Stelle aus: ,,Sie (Herr Kant)
wollen beweisen, daß der Raum kein allgemeiner
Begriff, sondern eine reine Anschauung sey, weil
wir uns nur einen einigen Raum vorstellen, und

wir

wir dann, wann wir von vielen Räumen reden,
nur darunter Theile eines, und desselbigen Raumes
verstehen. Von welchem Raume reden Sie hier?
Etwa von einem unbegränzten? In diesem Falle,
wenn auch Raum, und Vorstellung einerley wäre:
so hätten sie keine reine Anschauung vom R. mehr,
weil diese nichts mehr in sich faßt, als daß Dinge
ausser, und neben einander sind. Sie würden den
höchsten Begriff vom R. schon durch den Charakter
des Gränzenlosen näher bestimmt haben. Wo kann
sich aber dieser unbegränzte Raum finden? Etwa
in den Wirkungen unsrer Denkkraft? Da wäre er
aber bloß Vorstellung vom Raume, nicht der unbe=
gränzte Raum selber. Etwa in dem ganzen Um=
fange aller neben einander zugleich existirenden
Dinge? Dann wäre er keine Anschauung mehr,
sondern der Raum in dem ganzen Weltgebäude.
Sollte er in ihm als unbegränzt gedacht werden:
so müßte jenes selbst keine Schranken der Ausdeh=
nung haben. Von diesem R. ist aber nie die Re=
de, wenn wir ihn als Vorstellung denken, und
warum sollte diese, wenn auch der Raum der Welt
keine Schranken hätte, deswegen kein allgemeiner
Begriff vom R. seyn können? Warum konnten wir
nicht einen solchen Begriff eine reine Anschauung
vom R. nennen, wenn wir es nur unbestimmt ge=
lassen hätten, ob er begränzt, oder unbegränzt wä=
re. Ob das letzte möglich, und wirklich ist, oder
nicht, dieß kann uns keine Anschauung des R. leh=
ren, sondern es ist eine Aufgabe, woran die Ver=
nunft ihre Kräfte versuchen mag, ob sie durch all=

gemein

gemein giltige Gründe eine richtige positive, oder negative Auflösung finden kann. Der Raum, wovon dann die Rede ist, wird weder Begriff noch Anschauung; sondern der Gegenstand von beyden selbst seyn." — Die Resultate, die Hr. K. aus seiner Lehre vom R. zieht, beym mündlichen Vortrage.

§. 38.
Begriff vom Raume.

Jede Untersuchung über die menschliche Erkenntniß, ihr Gegenstand sey, welcher er immer wolle, kann nicht eher gründlich vollendet werden, bis ausgemacht ist, auf welche Weise in uns die Vorstellung von demselben entstehe, und auf welchem Grunde sie beruhe. Wir wollen nun diesen Versuch über den Begriff vom Raume anstellen.

Raum ist die Vorstellung des Aussen- und Nebeneinanderseyns — der Ausdehnung. Hierin scheinen mir Kants Anhänger und Gegner größtentheils einig zu seyn. Aber woher diese Vorstellung? Lag sie schon ursprünglich in unserm Gemüthe — unabhängig von aller Erfahrung, so daß diese erst durch jene möglich gemacht wurde; oder ist sie vielleicht auf eben die Art und Weise gebildet, wie gewöhnliche Menschen ihre übrigen

gen Allgemeinbegriffe zu bilden pflegen? —
Mir scheint dieses letztere. Für meine HH.
Zuhörer halte ich folgende Entwickelung für
die passendste.

„Ich werfe meine Blicke, sagt der
Verf. der kurz vorher belobten Briefe auf
einen Garten, welcher mit dem Schmuck
des Frühlings gekleidet vor mir liegt. Hier
sehe ich eine Menge von verschiedenen Blu-
men, grüne Hecken, Alleen von fruchtbaren
Bäumen, künstliche Wassercascaden, und
tausend andere Werke der schönen Künste.
Alles ist außer, und neben einander zugleich
da. In den Gegenständen z. B. in einer
Tulpe, in einer Rose, kurz in einem jeden
einzelnen Werke der Natur, oder Kunst finde ich eben dieses wieder. Ich schließe meine Augen, und zugleich ist alles aus meiner
Vorstellung verschwunden. Kaum kann ich
durch Hilfe meiner Einbildungskraft eine Anschauung von diesen Gegenständen wieder er-
zwingen, welche mir aber nur mit dem dunkeln Flor einer nächtlichen Dämmerung um-
hüllt erscheinen, da ich sie vorher im Lichte
der Mittagssonne erblickte! Ich eröffne meine Augen, und sehe alles wieder in dem
Glanze des Sonnenlichtes, aber eben wie
vorher, außer und neben einander zugleich
vor mir. Ich versuche es, mich zu überreden,

reden, daß hier keine Gegenstände zugleich
ausser, und neben einander sind — daß
bloß die Zauberkraft der Phantasie sie mir so
vormalt. Allein ich muß über diesen seltsa-
men Versuch lachen, und die Merkmale,
wodurch ich bey gesundem Verstande die
Wirkungen der blossen Einbildungskraft von
den Vorstellungen, die Folgen einer wah-
ren Sensation sind, von Kindheit an nach
einem Instinkt, dem ich nicht widerstehen
kann, unterschieden habe, zeigen sich mir
in einer solchen Klarheit, daß jede Vermuthung von Täuschungen wegfällt. Sie
sind mir so sehr Bürge von dem Daseyn
dieser Gegenstände in der Form, worinn
ich sie erblicke, daß ich keines andern Beweises zur vollkommnen Ueberzeugung weiter bedarf, keinen suche, auch nie einen finden könnte. Die manigfaltigen Gegenstände
sind mehr oder weniger von einander unterschieden. Durch Hülfe meiner Vernunft
bringe ich sie auf Klassen, denke mir Gattungen, denke mir Arten, und in jeder Art,
so sehr sie sich auch von jeder andern unterscheidet, finde ich überall Theile, welche
außer, und neben einander zugleich sind.
Nun steige ich durch Hülfe meines Verstandes höher empor, bleibe bloß bey dem-
jenigen stehen, worinn alle Gattungen, und
Arten mit einander übereinkommen; ich
denke

denke mir nichts weiters, als Theile außer
und neben einander, und dieß sind sie, nicht
blos deswegen, weil ich mir sie so vorstel-
le, sondern weil sie so sind, und ich es
auch in meiner empirischen Anschauung angetroffen habe."

Auf diese Weise entspringt der Begriff
vom Raume aus eben jener Quelle, aus
der wir bisher jeden andern abgezogenen Begriff hergeleitet haben, und der Satz, daß
die Empfindung die Urquelle aller unserer
Begriffe ist, scheint mir noch immer, anstatt an Wahrscheinlichkeit geschwächet zu
werden, bey jedesmaliger Zergliederung des
vorhandenen Begriffes, und bey der Zu-
rückführung desselben auf seinen Ursprung
zu gewinnen.

* Es sey mir erlaubt auf eine Bemerkung des Herrn
Prof. Feders, die er bey Gelegenheit der Beur-
theilung des schaumann'schen Versuches über die
transcenz. Aesthetik machet, meine H.H. Zs. aufmerksam zu machen: „Will man sich, sagt der
würdige Verfasser, bey der Erklärung des empirischen Ursprunges eines Begriffes, also auch bey der
Vorstellung vom Raume keine unnöthigen, in der
Natur nicht vorhandenen Schwierigkeiten machen,
so muß man der Denkkraft (im engern, und ei-
gentlichsten Sinn des Wortes) nicht zu viel dabey
zueignen — nicht annehmen, daß der Verstand
allemal

allemal absichtlich auf die Bildung des Begriffes
ausgehe. Die ersten Grundzüge der abstracten
Begriffe bilden sich von selbst durch die Gesetze
der Ideenassociation, durch den Mechanismus
der Einbildungskraft, des Gedächtnisses, und
Erinnerungsvermögens. Ausdehnung ist der ge-
meinste Bestandtheil aller Impressionen des Ge-
sichts, und Gefühls; diese oder jene Farbe, diese
oder jene Berührungsart u. s. w. kommen nur ab-
wechselnd dabey vor. Ausdehnung muß also bald
ein hervorstehender Bestandtheil der Impressionen
des A. S. werden; Ausdehnung aber ohne weiters
ist Raum. „ Von der Eintheilung des R. in
vollen, und leeren Raum mündlich. — Aber wie,
wenn irgend ein gelehrter Recensent mir die Erinnerung machte, daß ich mit allem, was ich über
den empirischen Ursprung der Vorstellung vom R.
gesagt habe, etwas nie Bestrittenes in Schutz genommen hätte? — — Etwas nie Bestrittenes? —
Steht zu beweisen: Etwas, das selbst Freunde der
kant. Philosophie allmälig eingestehen (S. Rein-
holds Theorie des Erkenntnißv. S. 389. A) dieses
läugne ich nicht. Aber ob denn für das, was nach
allen gemachten Einräumungen, und Distinctionen
noch übrig bleibt, reiner R. und reine Anschauung
die rechten Namen sind, scheint mir eine Frage
zu seyn, die nichts weniger, als leere Logomachie
heißen dürfte. Vielleicht tritt man auch in diesem Stücke mit der Zeit wieder näher zusammen.

§. 40.

§. 40.

Fernere Erörterungen eben desselben Begriffes.

Aus dem gesagten scheint mir die Auflösung mancher Frage ganz richtig zu fließen,
deren Beantwortung bisher, vermuthlich
aus Unbestimmtheit, oder Zweydeutigkeit
des Ausdruckes, womit man sie vortrug,
sehr verschieden ausfiel. Man fragt z. B.

1. Ist Raum Etwas den Dingen außer
mir selbst zukommendes, oder existirt
er bloß in mir? Ich antworte, indem ich entgegen frage, was man
eigentlich wolle, daß unter dem Worte Raum verstanden werde. Soll
Raum bloß so viel als Begriff des
R. heißen: so kann er nur in einem
denkenden Subjecte sein Daseyn haben. In diesem Sinne ist er Vorstellung (man mag sie meinethalben
Anschauung, und in so fern in ihr
nichts mehr liegt, als das Außer-
und Nebeneinander zugleich seyn,
reine Anschauung nennen) und diese
Vorstellung — diese Anschauung ist,
und bleibt Modification des Subjectes, das mit dem Vorstellungsver-
mögen begabt ist. Die Entdeckung,
daß R. in diesem Sinne genommen,

Etwas

bloß subjectives sey, ist einmal nichts
neues. Oder soll das Wort Raum
die Sache selbst — den Gegenstand
des Begriffes ausdrücken: dann tra-
ge ich gar kein Bedenken, den R.
für so etwas anzusehen, und auszu-
geben, das in den Dingen selbst
außer meiner Vorstellung enthalten
ist. Der Grund davon liegt in dem
vorhergehenden, und der Einwurf,
der allenfalls gemacht werden dürfte, daß wir von den Dingen selbst
keine Vorstellungen haben, läßt sich
heben. S. oben §. 20.

2. Aber was ist nun Raum? fragt man
weiters. Ist er ein wirkliches Wesen? oder nur Bestimmung, oder auch
Verhältniß der Dinge, aber doch
von der Art, daß sie ihnen auch an
sich zukäme, wenn sie gleich nicht
angeschauet würden, oder haftet sie
bloß an der Form der Anschauung,
und mithin an der subjectiven Beschaffenheit unsers Gemüthes, ohne
welche dieses Prädikat gar keinem
Dinge beygeleget werden kann? S.
Hrn. Imm. Kants Kr. d. r. V.
Seite 23. 1ste Ausgabe. Ich antworte: mir scheint, daß unter wirklichen

lichen Wesen solche verstanden werden
müssen, die keine Bestimmungen von
andern sind, wenn sie gleich selbst
Bestimmungen haben. Und in die=
sem Sinne ist Raum kein wirkli=
ches Wesen. Er ist Bestimmung
der Dinge, aber eine solche Bestim=
mung, die es auch bleiben würde,
wenn wir gar keine Anschauung von
Dingen hätten. Läugnen läßt sich
zwar nicht, daß die Receptivität un=
sers Vorstellungsvermögens, welche
a priori in unserer Seele ist, so be=
schaffen seyn müsse, daß geräumige
Gegenstände, d. i. solche, bey wel=
chen wir Raum als Bestimmung an=
treffen, ihr den Stoff zur Anschau=
ung des Raums geben können.
Wäre dieses nicht, so würden wir
auch keine Vorstellung vom R. ha=
ben, und folglich dieses Prädikat kei=
nem Dinge beylegen können. Allein
deswegen hört Raum nicht auf das
zu seyn, was er ist — Bestimmung
des Gegenstandes, Bestimmung des
Dinges, in welchem er liegt.

3. Wie ist nun Raum in unsere Vor=
stellungskraft gekommen? Sofern
sich diese Frage beantworten läßt,

habe

habe ich es im vorherg. §. gethan —
durch Abstraction, nach mehreren
empirischen Wahrnehmungen. Von
Seite des vorstellenden Subjectes
ist eine Anlage, die freylich a priori
da seyn muß, nöthig, von den Gegenständen so afficirt werden zu können, daß die Vorstellung des Raums
möglich wird; von Seite der Gegenstände, daß sie wirklich so affi-
ciren, d. i. den Stoff zur besagten
Vorstellung liefern. Immerhin mag
also bey der Vorstellung vom R. etwas Subjectives mit unterlaufen: aber
darum hört doch die objective Gültigkeit derselben, und der Gegenstände, die wir in Raum versetzen, nicht
auf. Und hier scheint mir nun ein
Punct zur wechselseitigen Annäherung
der streitenden Partheyen zu seyn.
Hätte die kantische Philosophie nicht
zu viel aus subjectiven Gründen abgeleitet; wäre Herr Kant in seinen Behauptungen nicht selbst hie, und da
zu weit gegangen; hätte er seine
Ausdrücke mehr gemäßiget, in seine Folgesätze nicht manchmal mehr
eingerückt, als in den Prämissen
lag, den Raum z. B. nicht einzig,
und allein als die Form, oder die
subs

subjective Bedingniß der Sinn=
lichkeit — die Körper nicht als
bloße Gedanken oder Vorstellun=
gen in unserm Gemüthe (Prol.
S. 62.) ausgegeben; so würde sei=
ne Philosophie niemals zu so vielen
Wiedersprüchen gereizet, noch die
gewaltige Gedankengährung, die
doch in anderer Rücksicht immer
nützlich seyn mag, veranlasset haben.

* Es können über diesen Gegenstand Hrn. Platthers Ge=
danken in seinen phil. Aphorismen neue Ausg.
1790. I. Th. 2. B. 1stes Hauptst. nachgesehen wer=
den, wo es mir ganz auffallend vorkam, Hrn. Kant
in einen Leibnitzianer, oder Wolfianer umwandelt
zu sehen. Auch Herr G. E. Schulze trägt in sei=
nem Grundriß der philosoph. Wissenschaften II.
Band S. 46. eine eigene Meinung über die Na=
tur des Raumes vor, die in vieler Rücksicht Bey=
fall finden dürfte.

§. 41.

Einige andere mit dem vorigen verwandte Begriffe.

An den Hauptbegriff vom Raume
schließen sich noch verschiedene Bestimmun=
gen, oder Modificationen an.

1. Distanz — der Raum, den wir uns
unter einer gewissen Länge, nach ei=
ner

ner geraden Linie von einem Punkte
zu dem andern denken. Um diese
verschiedene Entfernungen, und Abstände der Dinge zu bezeichnen, brauchen wir Maaße, z. B. Schuhe,
Ruthen, Meilen, halbe Erddiame-
ter u. s. m. Nach Verschiedenheit
der Entfernung spricht man von Nä-
he, oder Weite.

2. Figur — ein von den Exträmitäten
eines Dinges ringsumher eingeschlosse-
ner Raum. So viel mögliche Arten
einen Raum ringsumher zu begrän-
zen, so viele gedenkbare Figuren.

3. Ort — ein Theil des Raums, der
von irgend einem Dinge eingenommen wird.

4. Lage — das Verhältniß eines Dinges im Raume gegen mehrere.

5. Ruhe — das Verharren in einem,
und demselben Orte. Bewegung
— die Veränderung desselben.

* Ueber die Meinung der Eleatiker von der Bewegung
kann Herr Plättner in seinen Aphorismen l, c.
nachgesehen werden.

§. 42.

§. 42.

Begriff von der Zeit.

Nichts ist einander ähnlicher, als die Vorstellungen von Raum und Zeit; daher dann auch nicht nur alle die Schwierigkeiten, die bey Erklärung dessen, was der Raum seyn soll, vorkommen, bey der Erklärung der Zeit angetroffen werden, sondern auch die verschiedenen philosophischen Schulen über den Ursprung, und über die Realität unserer Vorstellung vor der Zeit fast eben so urtheilen, als wie sie über den Ursprung, und Realität unserer Vorstellung vom Raume denken.

Nach Herrn Kants Meinung ist die Zeit, wie der Raum bloß eine Form unserer Sinnlichkeit — jene des äußern, diese des innern Sinnes. Die Gründe, worauf sich diese Behauptung stützet, sind die nämlichen, die wir oben §. 37. angeführet haben. Da beyde Behauptungen, indem sie auf einerley Gründen beruhen, mit einander stehen, oder fallen müssen, so scheint es mir überflüßig, mich in eine abermalige Untersuchung einzulassen. Dieses allein kann ich nicht ganz mit Stillschweigen umgehen, daß es ungereimt scheine, die Veränderung, ohne welche doch die Zeit selbst nach Kants

Be=

Behauptung nicht einmal als Form des innern Sinnes gedacht werden kann, für eine empirische, die Zeit aber für eine reine Anschauung a priori anzugeben. Doch mehr hievon beym mündlichen Vortrage.

Wie ich dafür halte, läßt sich die Zeit als Folge in den Veränderungen selbst, und als Vorstellung von dieser Folge betrachten. Im ersten Falle wird sie das Object der Vorstellung, und also nicht selbst Vorstellung. Sie kann auf diese Weise lange vorher in uns seyn, ehe wir uns dieser Folge besonders bewußt werden, und dann ist ihre eigenthümliche Form von der Form der Vorstellung verschieden. Im zweyten Falle ist sie ein Produkt unsers Verstandes, das auf eben die Weise, wie jeder anderer allgemeiner Begriff erzeuget wird.

Anmerk. Weder das, daß die Zeit nicht äußerlich soll angeschauet werden können; noch daß nur unter der Voraussetzung, daß die Vorstellung der Zeit a priori zum Grunde liege, das Vergangene, Gegenwärtige, und Zukünftige soll vorstellbar seyn, wie Herr Kant behauptet, scheint mir mit der Erfahrung übereinzustimmen, die doch am Ende entscheiden muß. Auch halte ich dafür, daß wir vermittelst des innern Sinnes nur Vorstellungen von dem erlangen, was in unserm Gemüthe wirklich vorgeht: daß wir uns aber die Folge unserer inneren Zustän-

- de,

de, und folglich die Zeit vorstellen können, schreibe ich theils der Eingeschränktheit unserer Seele, vermöge welcher sie nicht mit einmal alles zu empfinden, und zu denken im Stande ist, theils ihrer Fähigkeit, das Vergangene mit dem Zukünftigen in Verbindung zu denken, zu, welche von dem innern Sinn weit unterschieden ist.

§. 43.
Verwandte Begriffe.

Jeder Theil der Zeit, der durch eine Veränderung begränzt wird, heißt Moment, Zeitpunkt, Augenblick.

Die fortgesetzte Existenz eines Dinges durch mehrere Zeitpunkte heißt die absolute Dauer, das Zugleichseyn seiner Veränderungen mit den Veränderungen eines andern die relative Dauer desselben.

Eine endliche, vor- und rückwärts beschränkte Dauer heißt Alter. Dem Dinge, das zwar angefangen hat; aber niemals aufhört zu seyn, schreibt man unaufhörliche Dauer (aeuum) zu.

Dauer ohne Anfang und Ende ist Ewigkeit.

Stöger, Metaph.   G

Anmerk. Was anders ist Dauer, was anders Mensur der Dauer. Das, was wir Zeit nennen, ist eigentlich nur das Maaß der Dauer. Da das Unendliche nicht meßbar ist, so läßt sich die Ewigkeit durch keine Zeit bestimmen. Endliche Dauer ist also allein dem Maaße unterworfen. Alles, was gewisse beständige Perioden hält, das taugt schon überhaupt zur Mensur der Dauer. Die Maaße derselben lassen sich also füglich in natürliche und willkürliche eintheilen. Dem ungeachtet kann die nämliche Dauer dem einen überaus kurz, dem andern sehr lang vorkommen. Es hängt dieses von dem Grade des Bemerkens der Folge der Veränderungen ab. Dem, der etwas heftig wünschet, der ganz leer von Geschäften ist, scheint sie lang — diese Dauer: er zählt die auf einander folgende Momente alle. Dem hingegen, der sich auf ein gewisses Objekt fixirt, der nach dem Aufhören gewisser Veränderungen etwas zu fürchten hat, und deswegen auf diese Veränderungen nicht merket, scheint sie kurz. Nur der, der weder etwas zu fürchten, noch zu hoffen hat, wird etwa weder über Länge, noch Kürze derselben zu klagen haben. S. Malebranche de la Recherche de la Verité L. I. ch. VIII. Titels Metaph. S. 166 — 185.

Drit-

Drittes Hauptstück.

Von dem Dinge in Verbindung mit andern betrachtet.

----

§. 44.

Begriff von Verbindung. Anzeige der vorzutragenden Lehren.

Unter einander verbunden (connexa) werden überhaupt Dinge genännt, deren eines auf das andere weiset, eines mit dem andern gesetzt wird; eines das andere bestimmt, von dem andern abhängig — aus dem andern erkennbar, und begreiflich wird. Der Nahme ist also sehr vieldeutig. Zur mehreren Bestimmtheit des Ausdruckes wird beytragen, wenn man die Dinge in der Vorstellung von jenen außer der Vorstellung unterscheidet. Auf diese Weise läßt sich eine zweyfache Verbindung (nexus) — ideale, und reale Verbindung begreifen. Jene findet bey Dingen statt, in so fern sie bloß Gegenstände unsrer Vorstellungen: diese aber, in so fern sie außer unserer Vorstellung in der Natur wirklich vorhanden sind, wenn wir gleich ihre Verknüpfung nicht kennen sollten. Wo also immer die Begriffe von Dingen auf ein

G 2   ander

ander führen, einander aufklären, in Gemeinschaft zusammen laufen u. s. w.; dort ist Idealverbindung: hingegen, wo die Dinge auch außer der Vorstellung zusammen ein Ganzes ausmachen, als Theile eines Ganzen neben einander existiren, oder auf einander folgen, und vorzüglich, wo eines von dem andern abhängig — durch das andere bestimmt ist: dort ist Realverbindung, die unter der letzteren Bedingung Caussalnexus genannt wird. Verwirrung dieser Arten des Zusammenhanges ist Schwärmerey.

Die Absicht dieses Hauptstückes gehet dahin, das Wichtigere von der Lehre der Caussalverbindung vorzutragen. Dieser fordert eine genaue Entwickelung der Begriffe Grund, Ursache, Gegründetes u. s. w.: und da uns diese Betrachtung natürlich auf das, was man Kraft zu nennen pflegt, wird aufmerksam machen, so wollen wir das ganze Hauptstück in zween Abschnitte, deren Innhalt nun vor Augen liegt, zertheilen.

Erſter Abſchnitt.

Von der urſachlichen Verbindung.

§. 45.

Hauptmomente dieſes Abſchnittes.

Die Lehre von der Cauſſalverbindung iſt bey weitem die wichtigſte aller metaphyſiſchen Unterſuchungen. Nur dann darf der menſchliche Verſtand ſich ſchmeicheln, über den Umfang, den Werth, und die Gewißheit, oder Ungewißheit des geſammten Menſchenerkennens mit Zuverläßigkeit etwas behaupten zu können, wenn er es mit der Unterſuchung über den Gehalt der Sätze der Cauſſalität ins Reine gebracht hat. Es kömmt aber hier vorzüglich auf die genaue Erörterung zwoer Fragen an: I. Welches iſt der Urſprung der Begriffe — Grund, Urſache, Gegründetes? II. Bis wie weit kann der menſchliche Verſtand das jenige ergründen, was dieſen Begriffen entſpricht? Ehe ich zur Auflöſung der vorgelegten Fragen ſchreite, will ich vorläufig die Bedeutung der in der Lehre von Cauſſalverbindung üblichen Wörter und Redensarten angeben.

§. 46.

§. 46.

Aufklärung in dieser Materie üblicher Wörter, und Redensarten.

Was immer eine Bestimmung in irgend etwas andern hervorbringt, heißt Grund (principium, ratio); die Bestimmung selbst, in so fern sie von einem andern hervorgebracht wird, das Gegründete, die Folge (principiatum, rationatum.)

Der Grund kann von verschiedener Art seyn: 1) Zureichend, wenn in ihm alles, was im Gegründeten vorkömmt, gegründet ist; im Gegentheile unzureichend. 2) Entscheidend, wenn das Gegründete mit ihm nothwendig verknüpft ist; im Gegentheile unentscheidend, erweckend, anreizend, antreibend, veranlassend. 3) Logischer Grund (ratio idealis, principium cognoscendi,) wodurch die Erkennbarkeit eines Dinges; Sachgrund (ratio realis, principium essendi,) wodurch die Wirklichkeit desselben bestimmet wird. Dieser Sachgrund heißt Ursache in engerer Bedeutung; das Hervorgebrachte die Wirkung.

Die Verbindung zwischen Ursache und Wirkung, in wie fern man sie der Ursache zuschreibt, wird Caussalität; in wie fern man

man sie aber der Wirkung beylegt, Dependenz genannt.

Anmerk. Nach Verschiedenheit der Respekte werden die Ursachen verschieden eingetheilet:

A) In Rücksicht auf den ungleichen Beytrag, und Einfluß: In
  I. Haupturfachen;   II. Nebenurfachen;
    a) wirkende,   a) Gelegenheits=
    b) materielle,   b) Hilfs=
    c) Endurfache.   c) Instrumental-
                               urfache.

B) In Rücksicht auf die verschiedene Art der Koncurrenz: In
  I.   Nächfte, und entfente U.
  II. Innere, und äußere U.
  III. Zureichende, und unzureichende; ent=
       scheidende, erweckende ꝛc. U.

C) In Rücksicht auf das Verhältniß unter sich selbst.
  I. Suborbinirte   II. Koorbinirte U.
    a) zufällig
    b) wesentlich.

D) In Rücksicht auf die Beschaffenheit der Wirkung
  I.   Mechanische,
  II. Logische,
  III. Moralische Urfache.

* Die allenfalls nöthigen Erklärungen hierüber beym mündlichen Vortrage.

§. 47.

§. 47.

Axiome, und Theoreme vom Grunde und Gegründeten.

Grund-und Lehrsätze in Ansehung der ursachlichen Verbindung, die wir in den Angelegenheiten des gemeinen Lebens als Regeln beständig zu befolgen pflegen, sind folgende.

Aus Nichts wird Nichts, oder Alles hat seinen zureichenden Grund.

Wo eine Folge ist, da ist auch ein zureichender Grund; und wo ein zureichender Grund ohne Hindernisse ist, da ist auch die Folge.

Wo der Grund nicht ist, da ist auch die Folge nicht, und umgekehrt.

Die Folge ist allezeit ihrer Ursache angemessen; und je mehr vom Grunde vorhanden ist, desto mehr steht auch vom Gegründeten zu erwarten.

Einerley Gründe haben, in so fern sie einerley sind, einerley Folgen, und einerley Folgen setzen einerley Gründe voraus.

Von koordinirten Ursachen müssen alle, und von subordinirten U. muß die oberste oder unbedingte, die weiter keine Ursache mehr hat, angegeben werden, wenn ihre Folgen begreiflich seyn sollen.

* Mehr hiervon läßt sich bey Herrn Feder, und Titel finden.   §. 42.

§. 48.

Geſchichte der Lehre von Cauſſalverbindung.

Die Begriffe von Urſache und Wirkung und die auf den Zuſammenhang beyder ſich beziehenden Lehrſätze findet man ſchon in den älteſten Denkmälern des menſchlichen Verſtandes *); aber lange dauerte es, bis man Unterſuchungen, ſowohl über den Urſprung dieſer Begriffe und Lehrſätze, als auch über die Gültigkeit ihrer Anwendung auf wirkliche Dinge anſtellte. Die Sceptiker waren die erſten, welche die Dogmatiker in ihrem ruhigen Beſitzſtande ſtöhrten. Dieſe beſtritten nicht nur die Gültigkeit der Anwendung der Begriffe: Urſache, und Wirkung, ſondern ſo ſt das objective Daſeyn derſelben; **) jene vertheidigten ihre Sache, ſo gut es ihre damaligen Umſtände erlaubten. ***) In den mittlern Jahrhunderten, wo Prüfen Sünde, und viel Glauben vorzügliche Tugend war, vergaß man des ganzen Streites.

Erſt Locke gab wieder Anlaß, die ſchon ſeit langer Zeit bey Seite geſetzte Unterſuchung von Neuem zu beginnen. Seinem Syſteme zufolge leitete er auch die Begriffe von Urſache und Wirkung von den Gewahrnehmungen des äußern und innern Sinnes her, und gründete auf dieſen Boden den Satz

des

des zureichenden Grundes ****) , den
Hr. von Leibniß vielmehr unter die inde-
monstrablen Grundwahrheiten des menschlichen Verstandes zählen zu müssen glaubte.

Endlich tratt Hume auf, dessen Zweifel
über die Caussalverbindung die bedeutend-
sten aus allen waren, die bisher über diese
Materie rege gemacht worden sind. Seine Angriffe bezweckten nicht so fast das
Daseyn der Begriffe von Ursache und Wirkung in der menschlichen Vernunft, und
die Brauchbarkeit derselben in allen Theilen des menschlichen Wissens; als ihren Ursprung aus der Erfahrung, und ihre Anwendung auf Dinge an sich zu läugnen.
Der Begriff von Ursache, so schloß er —
faßt objective Nothwendigkeit in sich. Diese Nothwendigkeit aber ist uns durch die
Erfahrung nicht erkennbar. Also ist dieser
Begriff mit allen seinen Anwendungen nur
das Werk der an gewisse Ideenverbindungen
durch mehrere einstimmige Erfahrungen ge-
wöhnten Imagination — paßt nicht auf
Dinge an sich, und die menschliche Vernunft, welche die Lehrsätze von Caussalität
auf dieselben überträgt, eignet sich ein
Recht zu, das ihr keineswegs zukömmt.

Dieser

Dieser humische Einwurf wirkte ganz
vorzüglich auf Herrn Kant. Er selbst ge-
stehet es, daß die Erinnerung des David
Hume eben dasjenige war, was ihm vor vielen Jahren zuerst den dogmatischen Schlum-
mer unterbrach, und seinen Untersuchungen
im Felde der speculativen Philosophie eine
ganz andere Richtung gab. ******)
Allein, wenn gleich Herr Kant mit seinem
Vorgänger in den Prämissen übereinstimmt,
so zieht er doch daraus eine ganz andere
Folge: nicht das Werk der Imagination ist
ihm der Begriff von Ursache, sondern eine —
freylich auf Erfahrung abzielende, aber doch
a priori wesentliche, und die Erfahrung erst
möglich machende Funktion, oder Denkform
des Verstandes, eine Kategorie.

* S. Plato's Timäus, wo es nach der Zweybr. Ausgabe 9ten Band S. 302. heißt: παν δε αυτο
γιγνομενον, υπ' αιτιου τινοσ εξ αναγ-
χης γινεσθαι. παντι γαρ αδυνατον
χωρις αιτιου γενεσιν σχειν.
Cicero berief sich öfter darauf bey Wiederlegung
der epicur. Cosmogenie L. 1. de fin. c. 6. de fato
c. 20. Selbst Herr von Wolf, den seine Verehrung
gegen den grossen Leibnitz zu weit trieb, führt Zeug-
nisse an, die mir mit seinen übrigen Behauptungen nicht übereinstimmend scheinen, und woburch
der obige Satz bestättiget wird. Ont. §. 71. Edit.
Francof. et Lips. anno 1736.

** V.

* * V. Sext. Emp. Pyrr. Hyp. e. XVII. et adv. Math. l. IX.

* * * Man leſe Cic. de fin. bon. et mal. L. I. a. 6. de fato c. II.

* * * * De Int. hum. L. II. c. 26.

* * * * * S. Prol. zu jeder künftigen Metaph. S. 13.

Anmerk. Die kantiſche Lehre von Cauſſalität, worüber vorzüglich die K. d. r. v. S. 189 — 211. nachzu=
ſehen iſt, will ſelbſt jenen, die ſich Kants Vereh=
rer und Anhänger nennen, nicht allerdings Genüge leiſten. Man ſehe z. B. Henr. Vlrich. Inſt. me=
taph. Cap. IV. *de Sphaera Quaeſt. de ratione ſ. Cauſſa ſufficiente* §. 309 — 311. Die engen Gränzen, wel=
che dieſem Buche beſtimmet ſind, erlauben mir nicht die Gründe und Gegengründe alle zu entwickeln. Ich verweiſe alſo meine H.H. Zz. auf jene würdi=
gen Männer, welche dieſen Gegenſtand abſichtlich behandelt haben z. B. F e d e r über R. und E. II. Hauptſtück §. 28 — 31. G. E. S c h u l z e Grundriß der philoſophiſchen Wiſſenſchaften II. B. S. 108 — 116.

§. 49.
Urſprung und Umfang unſerer Cauſſalitätsurtheile.

Daß in der Idee von Urſache die von Nothwendigkeit enthalten ſey, (vorherg. §.) muß allerdings eingeräumet werden. Wenn auf A auch noch ſo oft B folgte, nicht aber folgen

folgen müßte; wenn anstatt B hätte X folgen, oder anstatt A bey aller Folge von
B irgend etwas anders vorhergehen können;
so ist zwischen A und B noch immer keine
Caussalverbindung.

Und nun entstehen die Fragen: Wie ge-
langen wir zur Erkenntniß von einer solchen Nothwendigkeit? Wie weit reichen unsere Caussalitätsurtheile? Und wodurch werden wir berechtiget, über die Gränzen möglicher Erfahrung dieselben auszudehnen?

Auf die erste Frage antworte ich: Auch
dieser Begriff hat mit jedem andern allgemeinen Begriffe einerley Quelle — die Empfindung. Achtsamkeit auf das, was wir
bey der Folge unserer Urtheile auseinander,
und beym Entstehen vieler anderer innere
Zustände in uns gewahr werden, wird uns
davon überzeugen *, und uns um so viel
mehr überzeugen, als schon vorläufig gewiß
ist, daß die Idee von Nothwendigkeit überhaupt aus unseren Empfindungen in uns
entstehen könne. S. §. 24.

Auf die zwote Frage ist meine Antwort: Unsere Caussalitätsurtheile sind von
weiterm, als immanenten Gebrauch, d. h.
sie sind nicht nur auf das Feld unserer Er-

fahrun-

fahrungen eingeſchränket, ſondern erſtrecken
ſich auch auf Gegenſtände, die außer dem
Gebiethe aller möglichen Erfahrung liegen.
Eben jene Verbindlichkeit, die wir haben,
von unſerm Verſtande den möglich beſten
Gebrauch zu machen, den wir — ſtille ſte-
hend bey der Empfindung des Gegenwärtigen nicht machen; und das Grundgeſetz deſſelben, überall nach Gründen zu urtheilen,
und wider, und gegen dieſelben nirgends urtheilen zu können; und ein natürlicher Trieb
nach der Analogie des durch die Erfahrung
Ausgemachten auf das, was keine Erfahrung noch gelehret hat, keine lehren kann,
zu ſchließen, ſind es, die uns in den Beſitz
des Rechtes unſere Cauſſalitätsurtheile auch.
über die Gränzen möglicher Erfahrung auszudehnen ſetzen. * *

* S. Tetens Verſuche über die menſchliche Natur I.
   Theil S. 312 — 327.

* * Feder über R. und E. S. 135 — 178.

———————

Zwey-

Zweyter Abschnitt.

Lehre von den Kräften.

§. 50.

Was nennet man Kraft?

Nach dem gemeinen Sprachgebrauche heißt Kraft so viel, als Grund wirklicher Veränderungen, d. i. dasjenige, woraus die Wirklichkeit einer Sache uns begreiflich wird. So macht uns z. B. das Feuer das Schmelzen einer wächsernen Kugel begreiflich.

Alle Veränderungen lassen sich überhaupt auf zwo Arten zurückführen — Wirken und Leiden. Was eine Veränderung hervorbringt, das wirket: was eine Veränderung annimmt, das leidet. Die Arzney wirket, der Körper leidet. Eben so vom Künstler und dem Materiale, das durch seine Bearbeitung eine bestimmte Form erhält.

Die Wirkungen selbst sind entweder bleibend, (actiones immanentes) oder übergehend (actiones transeuntes). Jene gehen in der Substanz selbst vor, die sie hervorbringt; diese sind Veränderungen, die von einem

einem herkommen, und dem andern zuge-
führet werden. In so ferne haben die Dinge auf einander einen Einfluß, als das eine
auf das andere wirkt — eines in dem andern
Veränderungen hervorbringt.

Außer dem läßt sich hier noch verschie-
denes betrachten: 1) die wirkende Potenz
(facultas) — die Möglichkeit eine Veränderung hervorzubringen; 2) die leidende
Potenz (receptiuitas) — die Möglichkeit
eine Veränderung anzunehmen; 3) die
Kraftäußerung, 4) die Wirklichkeit.
Hieraus die Erklärung der ältern Schulspra-
che: vis in actu primo, et actu secundo.

§. 51.
Ursprung unsers Begriffes von Kraft.

Eben jene Quelle, aus der wir bisher
noch jeden Begriff entspringen sahen —
Empfindung und Reflexion sind es, woraus
auch der Begriff von Kraft seinen Ursprung
zieht. Wir nehmen mit unsern äußeren
Sinnen wahr, daß die Dinge außer uns
oft einander gewisse Veränderungen und Bewegungen mittheilen. Eine Kugel stößt auf
eine andere, und setzt auch diese, die zuvor
in Ruhe war, in Bewegung; die Flamme
ergreift den brennbaren Körper, der ihr nahe

he kömmt, und zerſtöhrt ihn u. ſ. w. Auch
die Gedanken, die Entſchließungen und Bewegungen, die in uns ſelbſt vorgehen, führen immer ein Bewußtſeyn von ſo etwas
mit ſich, das Vorausgehen, das ſich äußern
muß, wenn dieſer Gedanke, dieſe Bewegung folgen ſoll. Indem wir nun dieſes beobachten, entſpringt in uns der Begriff von
dem, was Kraft für uns iſt.

Ich ſage: auf dieſe Weiſe bildet ſich
der Begriff von dem, was Kraft für uns
iſt. Denn was Kraft an ſich iſt — außer
den Veränderungen und Erſcheinungen; davon wiſſen wir nichts — iſt, und bleibt ein
uns unbekanntes Etwas, deſſen Vorhan-
denſeyn wir anzunehmen uns gedrungen füh-
len; weil wir ſonſt das Daſeyn der Veränderungen nicht begreifen können. Eine fernere Zergliederung dieſes Etwas iſt unmöglich: und der größte Philoſoph fühlt ſich hier,
wie in vielen andern Fällen gezwungen, das
Non plus vltra ſeines Wiſſens einzugeſtehen.

§. 52.
Grundeintheilung der Kräfte.

Man unterſcheidet mehrere Arten der
Kräfte. Dieſer Unterſchied, den wir machen, gründet ſich größtentheils auf die Ge-

Stöger, Metaph.　　H　　　wahr-

wahrnehmung mannigfaltiger Veränderungen und Wirkungen. Allein eben diese Mannigfaltigkeit hat sehr oft theils in den mancherley Beschaffenheiten der Dinge, auf welche eine Kraft wirket; theils in den anderweitigen Umständen, unter denen sie wirket, ihren Grund. Hierauf stützet sich die Haupteintheilung der Kräfte in ursprüngliche, und abgeleitete (in vires primitiuas et deriuatiuas). Jene sind die im Wesen des Dinges gegründeten Bestimmungen desselben zur Wirksamkeit — Bestimmungen, die einem Dinge für sich, außer aller Verknüpfung mit andern, und in seinem ersten originellen Zustande zukommen: diese aber sind solche Bestimmungen der Wirksamkeit einer Kraft, die nur unter gewissen Verhältnissen daseyn können.

Eben diese — die abgeleiteten Kräften sind es, deren Benennungen wir von der Verschiedenheit der Wirkungen, die wir ihnen zuschreiben, hernehmen. Und dieses, scheint mir, ist nicht zu tadeln.

* S. Feder über R. und K. S. 37.

§. 53.

§. 53.
Gränze unserer Erkenntniß von Kräften.

Aber man schmeichle sich ja nicht, die ursprünglichen Kräfte der Dinge — die Grundkräfte zu erkennen, und einzusehen, weil man für die abgeleiteten Kräfte Nahmen und Titel hat. Diese schaffen wir uns nach Verschiedenheit der Wirkungen, die wir gewahrnehmen; jene setzen völlige Einsicht in das Realwesen der Dinge voraus, die ganz außer Sphäre der für Menschen, wie wir sind, erreichbaren Erkenntnisse liegt. (§. 34.)

Man kann zwar in einem gewissen Sinne sagen, und man sagt es manchmal wirklich: man kenne die Grundkräfte der Dinge. Allein diese Aussage ist nimmermehr von den Grundkräften im absolutesten Verstande, in sofern sie der letzte Grund aller Wirkungen, oder das innerste Principium der Wirksamkeit sind; sondern in relativem Sinne zu nehmen, in sofern für uns — für unsern Begriff schon als Grundkraft gilt, und gelten muß, was wir uns nicht als die Folge anderer uns bekannter Kräfte vorstellen dürfen. So nennen wir z. B. die Denkkraft eine Grundkraft, und so mehr andere

Kräfte.

Kräfte. Allein dieses alles ist mit Bezug auf unser Erkennen zu verstehen.

* Ueber das Verfahren, um Grundkräfte dieser Art auf
suchen, und kennen zu lernen. S. in C r u s t u s
Metaph. §. 70 — 78.

§. 54.
Von lebendigen und todten Kräften.

Nicht zufrieden mit der Eintheilung der Kräfte in Grund- und abgeleitete Kräfte, spricht man auch von lebendigen, und todten Kräften (vires viuae, et mortuae) Was für Begriffe sollen wir nun mit diesen Worten verbinden? Lebendige Kraft, soll sie so viel heißen, als eine solche, wodurch gewisse Veränderungen wirklich werden; todte Kraft eine solche, die wegen des Mangels gewisser Umstände , oder wegen vorhandener Hindernisse gewisse Veränderungen nicht zur Wirklichkeit bringen kann — ein Fall, der bey den abgeleiteten Kräften sich öfters zuträgt: so ist dieser Unterschied allerdings richtig. Sollen aber unter den todten Kräften ganz unwirksame Vermögen verstanden werden, und will man diese Möglichkeiten zu den wirklichen Kräften rechnen, so ist dieser Unterschied nicht zuläßig.

Un-

Anmerk. Aus der Entwickelung dieser Begriffe sieht man, in wie fern die beliebten Sätze: Alles lebe in der Natur: in der Natur ist überall kein Tod, richtig, oder unrichtig sind. Ueber die Frage von dem immer gleichen Quantum lebendiger und todter Kräfte, über den Werth der bejahenden Gründe, und über die Gränzen, über welche der bejahende Theil, wenn er auch Recht haben sollte, seine Behauptung nicht ausdehnen darf, bey dieser Gelegenheit mündlich; viele andere Fragen, welche wir bey dem Mangel zureichender Erkenntnisse der Grundwesen der Dinge niemals mit Gewißheit zu entscheiden im Stande sind, z. B. ob die Kräfte beständig wirken; ob jeder Substanz nur Eine Grundkraft zukomme u. s. w. scheint rathsamer mit Stillschweigen zu übergehen.

Zwey-

Zweyter Theil.

Monadologie, und Somatologie.

§. 55.
Anzeige der Hauptmomente dieses Theiles.

Von den allgemeinsten und abstrakte-
sten Prädikaten der Dinge habe ich in dem
vorhergehenden Theile gehandelt: nun fordert es mein Plan, von den vorzüglichsten
Gattungen derselben (§. 5.) das Merkwür-
digere anzuführen. Es lassen sich aber alle
uns bekannte Dinge auf zwey Hauptgat-
tungen zusammenführen: die Gattung der
einfachen, und der zusammengesetzten
Dinge. Mit jenen hat es die Monadologie; mit diesen die Somatologie zu thun.

Der einfachen Dinge giebt es mehr,
als eine Art: die einen lassen sich als die
ersten Bestandtheile, woraus die Körper zusammengesetzt sind, betrachten: andere besitzen Denkkraft. Hieraus die Eintheilung
der Monadologie in Elementar- und Geisterlehre.

In

In was für Unterabtheilungen nun
dieser ganze Theil zerfalle, läßt sich aus
dem Gesagten leicht abnehmen. Nur dieses
erinnere ich noch, daß, wenn gleich die Ele-
mentarlehre heut zu Tage nimmermehr das
Aufsehen erreget, das sie vor 40 und 50
Jahren erreget hat, dem ungeachtet ihr Einfluß auf andere Zweige der menschlichen Erkenntniß immer noch wichtig, und nützlich
bleibt. Und sollten die Untersuchungen, die
wir über diesen Gegenstand anzustellen haben,
zu nichts anders dienen, als mit den engen
Gränzen, die unserm Verstande gesetzet sind,
uns genauer bekannt zu machen, so wäre
meines Gedünkens auch dieser Vortheil
nicht zu verachten.

Erstes Hauptstück.

Monadologie.

Erster Abschnitt.

Elementarlehre.

§. 56.

Was nennet man einfach?

Einfach ist ein mehrdeutiges Wort.
Bald ist es dem Vielartigen, bald dem
Wenigerzusammengesetzen, bald über-
haupt dem Zusammengesetzten entgegen ge-
setzet. In dieser letzten Bedeutung brauchen
wir hier diesen Ausdruck, wodurch wir ein
Ding anzeigen wollen, das durchaus keine
Theile hat.

Aber eben dieses: keine Theile haben,
ist es, worin sich die Begriffe der Philosophen nicht vereinigen wollen. Einige folgern daraus, daß das einfache Ding weder
Ausdehnung, noch Figur haben, noch einen
Raum in sich fassen könne. Andere behaupten, daß die einfachen Dinge, wenn
sie gleich nicht aus trennbaren Theilen bestehen, dennoch ausgedehnt seyn können,

wenn

wenn nur die Ausdehnung zum Wesen der bestimmten Einheit gehört.

Mir scheint die Meinung der letztern aus mehr als einem Grunde irrig *, und ich unterschreibe jener der Erstern. Die Einwürfe, die man dawider vorbringt, beweisen nicht mehr, als daß sich das Metaphysisch-Einfache nicht sinnlich, oder unter einem Bilde anschauen lasse. Aber darum hört es nicht auf denkbar zu seyn. Die Gränze unsers Gesichtskreises ist nicht die Gränze unsers Denkens, so wie die Denkbarkeit einer Sache kein Beweis ihrer Wirklichkeit ist.

* S. Wolf. Ont. P. II. Sect. II. cap. 5. vorzüglich paßt hieher, was Storchenau Ont. §. 188. Schol. sagt.

§. 57.

Wirklichkeit der Monaden.

Wie sollen wir uns von der Wirklichkeit einfacher Dinge überzeugen, da wir sie weder durch Sinne wahrnehmen können, noch von der Denkbarkeit derselben auf ihr wirkliches Seyn den Schluß machen dürfen? — Ich dächte, durch die Anwendungen des Satzes vom zureichenden Grunde.

I. Es

I. Es muß seinen zureichenden Grund haben, warum etwas vielmehr zusammengesetzet ist, als nicht: (§. 47.) dieser Grund liegt nun entweder in dem zusammengesetzten, oder er ist außer demselben, mithin in dem einfachen enthalten. Jenes ist nicht, also dieses. Aber warum nicht jenes? weil sich immer um den fernern Grund der zusammensetzenden Theile, so lange sie nicht einfach sind, fragen läßt. *

II. Die Theilung des Zusammengesetzten gehet entweder ins Unendliche, oder nicht. Jenes würde man ohne Grund sagen, und ist noch oben drein ungereimt: im zweyten Falle kommen wir aber auf Dinge, die keine Theile mehr haben, und folglich im genausten Verstande einfach sind.

Es giebt der Gründe noch viele, welche die Richtigkeit des Satzes von der Existenz einfacher Dinge beweisen. Wir wollen sie beym mündlichen Vortrage entwickeln.

* Zur Erläuterung des obigen Beweises will ich folgendes aus Freyh. von Wolf Ont. §. 686. Schol. ausheben: „Numerus aliquis magnus componi potest ex aliis minoribus, id quod fit in additione, vbi summa est nume-

numerus ex aliis minoribus , tanquam totum ex
partibus compofitus. Quodfi numeri minores denuo
ex aliis adhuc minoribus per additionem eodem modo componantur ; nondum habebis' rationem suffi-
cientem, cur dentur numeri: id quod optime patet,
fi numerum rationalem definire volueris, non fup-
pofitis , nifi numeris continuo minoribus. Nulla
enim numeri definitio foret, quod fit numerorum
minorum multitudo. Vt igitur intelligatur, quod
numerus effe poffit, h. e. vt ratio eius fufficiens
detur, deueniendum tandem eft ad vnitatem, quae
omnis multitudinis expers, quam numerus omnis
inuoluit. Ex hoc itaque fimili patet, ne fufficien-
ter intelligi poffe compofitum, quamdiu illud con-
ftare ponis ex compofitis minoribus ; fed fi intelligi
debeat, deueniendum tandem ad aliquid, quod
compofitionis omnis expers eft, hoc eft, ad fimplex
veri nominis, feu in fe indiuifibile. '' Man vergleiche mit dem angeführten, was eben dieſer Philoſoph in ſeinen vernünftigen Gedanken von
Gott, Welt, und Seele des Menſchen ſagt §.
76. ff.

§. 58.
Einwürfe.

So wichtig die Gründe für die Realität der Monaden immer ſeyn mögen, ſo
finden ſie doch nicht allgemeinen Beyfall.
Die Lehre von der Wirklichkeit der Monaden iſt zwar uralt *; aber niemals veran-
laßte

laßte ſie mehr Geräuſch, und Bewegung,
als da ſie Leibnitz mit neuen — von keinem
ſeiner Vorgänger gedachten Ideen ausge=
ſchmücket in ſein neu philoſophiſches Syſtem
aufnahm. ** Da beſchäftigten ſich alle
Federn, entweder dieſelbe zu vertheidigen,
oder zu widerlegen. Jeder Gelehrte nahm
Antheil am Streite, und ſelbſt die königl.
Akademie zu Berlin fand die Frage über
den Grund, oder Ungrund der Leibnitziſchen
Monaden für würdig, ſie zum Gegenſtande
einer gelehrten Preisaufgabe zu machen.
Unter vielen Preisſchriften, die einliefen,
wurde die des Herrn von Juſti gekrönet.
Er erklärte ſich wider die Monaden. Sei=
ne vorzüglicheren Gründe ſind:

1. „Zuſammengeſetzte Dinge ſind aus
   Theilen beſtehende Dinge. Was
   aus Theilen beſtehet, kann nicht
   zugleich auch aus keinen Theilen
   beſtehen. — — Derowegen können
   die zuſammengeſetzte Dinge nicht
   aus keinen Theilen beſtehen. Was
   nicht zugleich aus keinen Theilen
   beſtehen kann, kann aus keinen
   Dingen beſtehen, die gar keine
   Theile haben. Dieſemnach kön=
   nen die zuſammengeſetzte Dinge
   nicht aus Dingen beſtehen, die
                                    gar=

gar keine Theile haben. Die einfachen sind Dinge, die gar keine Theile haben. Was nun nicht aus Dingen bestehen kann, die gar keine Theile haben, kann nicht aus einfachen Dingen bestehen. Derohalben können die zusammengesezte Dinge nicht aus einfachen bestehen ꝛc." *Diss. cit.* §. 26.

Wer hätte wohl je so ein Argument in einer gekrönten Preisschrift vermuthet! — Ich gebe den ersten Syllogism ganz zu; und läugne den angeschlossenen Untersatz. Denn eben das, was hier, ohne mit irgend einem Grunde unterstützet zu werden behauptet wird, ist in der Frage, und fordert den strengsten Beweis. Daß dasjenige, was zusammengesetzet ist, und folglich aus Theilen besteht, nicht ohne Theile seyn könne, hat seine gute Richtigkeit; aber daß die ersten Bestandtheile desselben wieder aus Theilen bestehen müssen, und weil jenes nicht ohne Theile ist, auch diese nicht ohne dieselben sollen seyn können, ist irrig, und kann leicht widerleget werden. In der Voraussetzung des Verfassers, daß nicht Theile haben, und nicht Theil seyn, ein, und das nämliche sey, scheint mir das πρωτόν ψευδος zu liegen.

2. Den

2. Den Grund der Zusammensetzung im
Einfachen, oder Nichtzusammengesetzten suchen — heißt den Satz vom
zureichenden. Grunde mißbrauchen.
Vergebens sucht man den Grund des
Nothwendigen: die Zusammensetzung
— das Wesen des Zusammengesetzten ist nothwendig: also sucht man
vergebens rc. l. c. §. 33.

Wie doch in diesem Einwurfe schon
wieder Wahres mit Falschem auf die son-
derbarste Art vermenget ist! Ich gebe zu,
daß man den zureichenden Grund des Nothwendigen vergebens suche: daß man den
letzten Gründen der Wesen vergebens nach-
spüre; daß den Satz vom zureichenden Grunde bis auf diese Gränze ausdehnen, denselben mißbrauchen heiße. Ferners gebe ich
zu, daß die Zusammensetzung im gewissen
Betrachte das Wesen des Zusammengesetzten heißen könne, daß sie in diesem Verstande nothwendig sey, und daß es ins
Ungereimte falle, nach dem Grunde derselben zu fragen. Allein wer hat es bisher
in diesem Sinne noch je gethan? wer die
Frage aufgeworfen, warum ist das Zusammengesetzte zusammengesetzt? — — Die
Zusammensetzung läßt in Bezug auf die zusammensetzenden Theile als eine bestimmte
Art

Art der Verbindung derselben denken. Diese Art der Verbindung ist zufällig; muß also einen zureichenden Grund haben. Diesen suchet man; und wer kanns tadeln?

3. Das Einfache ist dem Zusammengesetzten entgegen gesetzt, wie das Mögliche dem Unmöglichen, das Endliche dem Unendlichen — immer eines dem andern auf contradictorische Art. Nun ist widersprechend, daß aus einem der contradictorisch entgegengesetzten Dinge das andere entgegengesetzte werde: also auch widersprechend, daß aus einfachen zusammengesetzte werden. — so widersprechend, als es ist, daß aus unmöglichen Dingen mögliche, aus endlichen unendliche werden. *l. ci §. 58.*

Mir scheint es, der angeführte Gegensatz des Einfachen und Zusammengesetzten beweise nur, daß ein, und dasselbe Ding nicht einfach zugleich und zusammengesetzt seyn könne: nicht aber, daß das Zusammengesetzte aus Nichtzusammengesetzten unmöglich werden könne. Eine einzelne Kugel ist keine Reihe von Kugeln; und es ist widerdersprechend, eine Reihe seyn, und zugleich nicht seyn; Und doch — entsteht so eine Rei

he

he aus mehreren einzelnen Kugeln, die auf eine bestimmte Weise neben einander gelagert sind. Eben so ist aus einzelnen Soldaten, deren keiner für sich ein Heer ist, ein Kriegsheer; aus Theilen, deren keiner für sich das Ganze ist, das Ganze selbst; aus Einheiten, deren keine eine Zahl ist, die Zahl zusammengesetzt u. s. f. Der seynsollende Beweis fehlt also darin, daß von absoluten Prädikaten auf komparative, und von dem, wozu das Einzelne für sich genommen nicht einmal eine entfernte Anlage hat, auf das geschlossen wird, was demselben wenigstens in diesem Betrachte zukömmt. Das Endliche steht mit dem Unendlichen durchaus in keinem Verhältniße; das Unmögliche ist ein blosses Nichts. Was Wunder nun, wenn die Vervielfältigung des ersten kein Unendliches, und jene des letzten kein Mögliches giebt. Aber ist dieses auch der Fall, wenn man das Einfache auf das Zusammengesetzte bezieht? — Diese sind meine Antworten auf die Kraftbeweise einer Abhandlung, die der Realität der Monaden den Sturz drohete.

---

* Veritatem hujus propositionis, sagt Freyherr von Wolf, wo er von der Realität der Monaden redet, ab omni aeuo agnouere philosophi vltro confessi, quod in resolutione compositi deueniendum sit ad aliquod
in!

In se indiuisibile, quod *Pythagorasi* olim *monades*, sed Epicurus primus *atomos* dixere, quemadmodum satis constat, et auctoritatibus probat *Sturmius* phys. eclect. Tom. I. c. 1. p. 30. Et philosophi antiqui per vnitates, siue monades intellexere simplicia veri nominis, et primus fertur *Ecphantus* apud *Stobaeum* monades pythagoricas dixisse corporeas etc. *Ont.* p. 518.

•• Zuerst trug Leibniß die Lehre von den Monaden in seiner Theodicee vor. In der Ausgabe der sammentl. Werke dieses großen Philosophen, welche Lud. Dutens veranstaltete, finden sich Tom. II. Part. I. hieher vorzüglich gehörige Aufsätze: Principia Philosophiae, seu Theses in gratiam Principis Eugenii etc. pag. 25. Principes de la Nature, et de la grace, fondés en Raison p. 32. Als ein Beytrag zur Geschichte•der Monaden kann nachgelesen werden, was Hr. Tittel in seiner Metaphysik S. 223. anführt. Einen kurzen Entwurf des Leibniß. Systemes liefert Hr. Platner in seinen phil. Aphorismen I. Th. S. 320 — 325.

§. 59.
Fortsetzung.

Außer den Einwendungen, die ich bisher angeführet habe, pflegt man wider den §. 56. aufgestellten Satz noch die Menge anzubringen. Alles das anzuzeigen, was

Lei-

Leidenschaft, Vorurtheil, und Parteygeist
auf die Bahn gebracht haben, wäre überflüßig.   Doch können wir ein, und das
andere Bedenken vernehmen.

1. Man schließt recht von der Undurch-
dringlichkeit der Körper auf die Un-
durchdringlichkeit der Elemente —
von den Kräften der ersteren auf
die Kräfte der letzteren u. s. f.
Warum soll der Schluß von der Ausdehnung der Körper auf die Ausdehnung ihrer ersten Bestandtheile nicht
gültig seyn?

Antw. Weil es die Regeln der Schluß-
kunst verbiethen, vom Absoluten auf das
Relative den Schluß zu machen.   S. Logik §. 94.

* Certe si id genus argumentationum valeret, sagt
Boscovich Theor. phil. nat. colligi posset, quamvis
massae cuiuspiam partem duas libras appendere,
propterea quod ipsa integra totidem sit librarum.

2. Dergleichen einfache Dinge ohne Ausdehnung, Figur, Größe ꝛc. wären
ja nichts, oder so gut, als nichts —
mathematische Punkte?

Antw.

Antw. Der Schluß iſt übereilt. Mathematiſche Punkte ſind bloſſe Gedankendinge, folglich ohne Kraft: dieſe ſind die Grundtheile des Zuſammengeſetzten, und die Quelle der Kräfte, deren Aeußerungen wir in demſelben gewahrnehmen.

3. Wie ſoll aber aus Dingen, die gar keine Ausdehnung haben, ein Ding werden, ſo Größe, und Ausdehnung hat?

Antw. Wie entſtehet aus einzelnen Einheiten eine Zahl, aus einzelnen Körnern ein Haufe, aus einzelnen Buchſtaben ein Heldengedicht, welches Charaktere, Handlung, Intereſſe, und hundert Eigenſchaften hat, die ſeinen Elementen einzeln genommen nicht zukommen?

4. Dieſe unausgedehnten Dinge würden ſich entweder berühren, oder nicht? Im erſten Falle würden ſie in einen einzigen Punkt zuſammenſchmelzen (compenetrarentur); im zweyten wie wäre Zuſammenhang möglich?

Antw. Ich weiß es nicht genug. Doch kann ich mir den Zuſammenhang auch ohne

J 2 Be-

Berührung mittelst gewisser Kräfte ganz
deutlich denken. *

* Hier lassen sich die ersten Grundsätze der boscovich-
schen Theorie der Kräfte vortragen.

Anmerk. In der Kritik d. r. W. des Herrn Kants finden sich Gründe für und wider die Einfachheit der
ersten Bestandtheile des Zusammengesetzten.   Man
sehe transscend. Dial. II. B. II. Abschn. Antithe-
tik d. r. V. 2te Antinomie.   Ob die Gründe, und
Gegengründe gleich stark, ob die Voraussetzungen,
worauf sich die Antithesis stützet, von unendlicher
Theilbarkeit des Raumes, von objektiver Ungültig-
keit der Begriffe, deren Objekte in keiner Erfahrung wahrgenommen werden können, richtig seyn,
und folglich die Antithesis der Thesis das Gleichge-
wicht halte; werden jene, die sich zur treuherzigen
Annahme der kant. Grundideen zu bekennen nicht
Lust finden, noch lange bezweifeln.   Vergl. Anti-
kant. II. Th. §. 284.

§. 60.

Vom Entstehen, und Untergehen einfacher Dinge.

1. Vorläufige Begriffe.

A) Entstehen (ortus) ist der Uebergang
aus Nichtseyn zum Seyn. —

Wir können uns diesen Uebergang
auf dreyerley Weise denken:

1. Durch

1. Durch Schöpfung — Werk der Allmacht

2. Durch Zeugung — Werk der Natur

3. Durch Bildung — Werk der Kunst.

Im ersten Falle geschieht der Ueber-gang aus Nichts; im zweyten, und dritten aus einer schon vorhan-denen Materie, entweder durch ein inneres Princip, nur vermittelst ei-ner äußern Bestimmung zur Wirk-samkeit; oder durch die Operation irgend einer äußern Ursache.

B) Untergehen (interitus) ist Rück-kehr vom Seyn zum Nichtseyn.

Wir begreifen es auf zweyerley Art:

1. Durch Vernichtung — Rück-fall in Nichts

2. Durch Verwesung — Auflö-sung in Theile.

II.

II. Lehrsätze.

A) Ein einfaches Ding, das anfängt zu seyn, kann weder

1. aus einem Zusammengesetzten; noch

2. aus einem Einfachen; sondern muß

3. aus Nichts entstehen, und zwar mit einmal (in instanti).

B) Ein einfaches Ding, das aufhört zu seyn, kann nicht

1. durch Verwesung; muß folglich

2. durch Vernichtung, und zwar wieder in instanti untergehen.

* Da diese Sätze allenthalben angenommen, die Beweise für dieselben sehr leicht aufzufinden, und in jedem Lehrbuche anzutreffen sind, so scheint es mir überflüßig, mich hier in eine weitschichtige Deduktion derselben einzulassen. Man sehe Dom. Beck Ont. P. II. C. III. Art. 2. p. 81 — 86.

§. 61.

§. 61.

Ob die einfachen Substanzen in einander wirken können, oder nicht?

Noch eine wichtige, aber dunkle Frage ist übrig, ob die Monaden in einander wirken, oder durch einander in ihrem Innern verändert werden können? — Herr von Leibniß hat sie aufgeworfen diese Frage, und verneinend beantwortet. Herr von Wolf stimmt bey.

Allerdings muß zugegeben werden, daß wir die Art und Weise zu erklären, wie sie auf einander wirken, niemals im Stande sind; daß das Einwirken einer Monade auf die andere anders vor sich gehen möge, als bey zusammengesetzten Dingen; daß endlich die Accidenzien von den Substanzen sich nicht absondern, und von einer Monade in die andere übergehen können. * Aber daraus scheint mir noch nicht folgen zu müssen, daß die Monaden nicht auf einander wirken, noch weniger, daß sie nicht einmal auf einander wirken können.

Was die Möglichkeit der gegenseitigen Einwirkung betrift, wird sie mir aus dem Begriff der Kraft, die bey jeder Monade vorhanden ist, begreiflich. Auf die Wirklichkeit schließe ich von dem wirklichen Einflusse zusammengesetzter Dinge auf einander, die selbst nach Herrn Leibnitz Ausdrucke nichts anders, als Aggregate der Einfachen sind. Wie, wenn die Wirkung eines Einfachen auf ein anderes Einfaches absolut unmöglich wäre, würde wohl nicht folgen, daß Gott selbst weder auf die einfachen, noch auf die zusammengesetzten Dinge dieser Welt wirken könnte; und, wenn sie nicht wirklich wäre, was wären alle Sätze, die man von dem Zusammenhange, und ihrer Verbindung in ein Ganzes bisher angenommen hat, anders, als leere Träume?

Lassen Sie uns also das Factum anerkennen, wenn wir gleich in Rücksicht auf die Art, wie es sich ereignet, unser Nichtwissen eingestehen müssen.

* S. Leibnitz Thef. in grat. Eüg, pef. 7. loc. sup. cit.

* ———————

Zweyter Abschnitt.

Geisterlehre.

§. 62.

Inhalt dieses Abschnittes.

Ein Wesen, das die Kraft zu denken besitzt, nennet man einen Geist — das Wort in der weitesten Bedeutung genommen. Die Lehre von der Natur, und den Eigenschaften dieser Wesen heißt Geisterlehre — Pnevmatologie. Man kann über diesen Gegenstand entweder im allgemeinen, und überhaupt, oder in besonderer Rücksicht auf gewisse Klassen von Geistern, und auf ihre eigenthümliche Natur und Beschaffenheiten seine Betrachtungen anstellen. Nur in ersterer Rücksicht gehört die Pnevmatologie zur Metaphysik. Daher sind die Untersuchungen, die wir hier anzustellen haben, einzig und allein auf allgemeine Betrachtungen über die Natur eines Geistes überhaupt, und der vollkommensten Substanz ins besondere einzuschränken, ohne daß wir uns je erlauben dürfen, sonderheitliche Rücksichten auf specielle Eigenschaften der menschlichen Seele, oder auf einzelne Vollkommenheiten der unendlichen Substanz zu nehmen.

* Man

* Man vergleiche hiermit, was §. 5. Anmerk. geſagt
worden iſt.

I. Von der Natur eines Geiſtes überhaupt.

§. 63.

Urſprung des allgemeinen Begriffes von einem Geiſte.

Nimmermehr würden wir von denken=
den Subſtanzen und ihrer Natur eine Er=
kenntniß haben, wenn nicht einen jeden ſein
eigenes Selbſtgefühl überführte, daß in
ihm Veränderungen vorgehen — Wahr=
nehmungen, Urtheile, Schlüße, Begier=
den, und Verabſcheuungen u. ſ. w., die
eine Kraft vorausſetzen, welche denſelben
angemeſſen, und die alle dieſe verſchiedenen
Modificationen hervorzubringen zureichend iſt.
Und eben dieſe Kraft iſt es, die er ſich
unter dem Nahmen Geiſt vorſtellet.

Noch iſt aber dieſer Begriff individuell.
Durch Selbſtgefühl nimmt ein jeder nur
ſeinen Geiſt — nur den Geiſt, der ihn
ſelbſt belebt, gewahr. Reflexion muß ihm
Erweiterung, und Abſtraktion Allgemein=
heit verſchaffen. Vermittelſt der Reflexion
ſchreiben wir auch anderen Menſchen —
ſchreiben ſelbſt Thieren ein geiſtiges Weſen
zu,

zu, weil wir auch bey dieſen Aeußerungen
und Operationen wahrnehmen, die denen
ganz ähnlich ſind, die wir für uns von einer ſpirituellen Grundkraft herleiten. Hier
abſtrahiren wir, bis zu welchem Grade dieſe Kraft hinauf, oder hinunter reiche — ſehen bloß auf die Kraft ſelbſt, und ſo wird
der Begriff einer geiſtigen Subſtanz, den
das Selbſtgefühl erzeuget, und die Reflexion erweitert hat, allgemein durch die Ab-
ſtraction.

§. 64.
Erſter Schritt zur Entwickelung des Begriffes von einem Geiſte.

Ein Weſen, das die Kraft zu denken
beſitzt, haben wir §. 62. Geiſt genannt.*
Unter dem Worte denken verſtehe ich Vorſtellungen mit Bewußtſeyn haben. Es
iſt nicht gedenkbar, daß ein Weſen, das
dieſe Kraft beſitzt, gleichgültig ſeyn ſollte
gegen alles, was es empfindet, oder was
es ſich vorſtellet, indem nicht alle Dinge
in einerley Verhältniß mit ſeinen Grundbe-
ſtimmungen, und mit ſeiner Natur ſeyn
können. Das eine wird damit überein-
ſtimmen, das andere nicht; dieſes wird
auf Erhöhung und Vervollkommnung des-
ſelben, jenes auf Schwächung und Zer-
ſtörung

ſtörung abzielen. Was folget nun hierauß? Daß es das eine begehren, das andere verabſcheuen; jenes ſich eigen zu machen, dieſes von ſich zu entfernen trachten wird; daß es nebſt der Kraft zu denken auch eine durch Vorſtellungen reitzbare Selbſtthätigkeit haben muß: kurz daß auch der Wille unter die Grundeigenſchaften eines denkenden Weſens gehört.

* Daß dieſe Erklärung nur auf geiſtige Subſtanzen in welteſter Bedeutung des Wortes paſſe, iſt ſchon oben §. cit. erinnert worden. Geiſt im engern Verſtande heißt eine mit Verſtand, das iſt, mit deutlicher Vorſtellungskraft begabte Subſtanz. S. Vlrich inſt. log. et met. §. 351ℓ.

§. 65.

Heißen die Ausdrücke: Einfach, und immateriel gleichviel?

Einfach haben wir §. 56. diejenigen Dinge genannt, die durchaus ohne Theile ſind — keine Figur, keine Ausdehnung haben, keinen Raum einnehmen. Die erſten Beſtandtheile der körperlichen Weſen (die Natur mag bis zu denſelben in ihren Auflöſungen gehen, oder nicht gehen) müſſen wir uns als ſolche Dinge denken, wenn wir doch den letzten Grund der Zuſammenſetzung

ſetzung angeben wollen. Aber ſind ſie darum,
weil ſie einfach ſind, ſchon auch immateriel?
— Ich weiß zwar, daß von vielen dieſe
beyden Ausdrücke mit einander verwechſelt
werden; weiß, daß, wenn ſie die Simpli-
cität denkender Subſtanzen erwieſen haben,
oder erwieſen zu haben ſich dünken, daß ſie
von ihrer Immaterialität, als einer nimmermehr bezweifelbaren Sache ſprechen; kann
mich aber nicht überreden, daß ſie es zu
thun berechtiget ſind. Die Monas, die mit
andern Monaden verbunden, ein Zuſammen-
geſetztes giebt, iſt einfach, aber doch nur
materiel. Immateriel muß alſo ſo viel
heißen, als zu einer ganz andern Klaſſe der
Weſen gehörig, als wozu jene erſten Beſtandtheile zuſammengeſetzter Dinge gerechnet
werden. Dieſes fordert ſeinen eigenen Beweis. Mir mag nun die Entwickelung meiner Begriffe gelingen oder nicht, ſo wird
doch ſo ein Verſuch nicht ſchaden, und meinen HH. Zz. muß es frommen, Sie auf
eine Lücke aufmerkſam gemacht zu haben,
die erſt ausgefüllet werden muß.

§. 66.

§. 66.

Gründe für die Einfachheit der geistigen Substanz.

Das erste, was aus dem Begriffe eines denkenden Wesens sich folgern läßt, ist die Einfachheit desselben.

Der unwiderleglichste Beweisgrund dieses Satzes liegt in der Einfachheit des Bewußtseyns. Wir können uns das Bewußtseyn nicht anders denken, als etwas, das, wenn es nur einmal vorhanden, gänzlich einfach, und untheilbar ist: also muß auch das Subjekt, in dem es vorhanden ist — die geistige Substanz genau eins, einfach, und unvertheilbar seyn. Denn, wo keine Theile sind, kann Theilbarkeit nicht Platz haben.

Eben dieses läßt sich auf eine indirekte Weise darthun. Angenommen, daß das Nichteinfache — das Zusammengesetzte denken könne; so fragt sich: kömmt die Denkkraft wohl jedem einzelnen Theile für sich zu, oder nicht? Ist dieses; so kann sie auch dem Ganzen, das aus diesen einzelnen Theilen bestehet, nicht zukommen. Ist jenes; so frägt sich ferners: liegt wohl in jedem einzelnen Theile eine völlig zureichende Denkkraft, oder sind die Denkkräfte, die den

ein=

einzelnen Theilen zukommen, für ſich unzu=
reichend, ſo daß ſie erſt durch den Beytritt
mehrerer vollſtändig gemacht werden müſſen.
Dieſes iſt unmöglich: jenes vervielfältiget die
Anzahl der denkenden Subſtanzen, ohne die
Einfachheit derſelben aufzuheben. **

Ich laſſe es indeſſen bey dieſen Grün=
den, denen leicht mehrere beygefüget werden
könnten, bewenden, weil wir ohnehin in
der Seelenlehre von dieſem Gegenſtande
noch einmal werden reden müſſen.

* Dieſen Beweis hat ſchon, wiewohl unentwickelt, Plato
Alcib. I. p. 57. Edit. Bip. — viel deutlicher aber
Plotinus Enuead. IV. Libr. VII. cap. 6. vorgetragen.
Von den Neuern verdienen über denſelben vorzüg=
lich nachgeleſen zu werden: L'Homme plus, que
machine par Elie Luzac- Goettingae 1755. Bon=
nets pſychologiſcher Verſuch. Reimarus nat. Re=
ligion. Abhandl. VI. §. 5. Mendelſohns Phädon
II. Geſpräch und von Unkörperlichkeit der Seele §.
1. Wien 1785. Terens Verſuche über die menſchli=
che Natur II. B. S. 175. Für meine H.H. Zi.
wird dieſe methodiſche Entwickelung des Hrn. Prof.
Nöſſer das dienlichſte ſeyn: „Quodcumque praedi=
catum ſua natura eſt ſimpliciſſimum, illud vni ſim=
plici tantum ineſſe poteſt: atqui conſcientia eſt prae=
dicatum ſimpliciſſimum; idem igitur non niſi in vno
ſimplici ineſſe poteſt. — — Quodcumque ſua natu=
ra eſt ſimpliciſſimum, illud vbique eſt ſimpliciſſi=
mum.

mum, quodcumque vero vbique eſt ſimpliciſſimum,
illud etiam in ſubjecto, cui ineſt, ſimpliciſſimum
eſt; quodcumque in ſubjecto ſuo ſimpliciſſimum eſt,
illud non niſi objecto ſimplici ineſſe poteſt; quoniam
ſubjectum eatenus aliquid dicitur, quatenus ei praedicatum aliquod ineſt; ſimplex ergo ſit ſubjectum,
cui ineſſe debeat praedicatum, extenſionem reſpuens,
omnino eſt neceſſarium: — — Sumtionis veritas ex
his elucet: quidquid in plura extra ſe exiſtentia diuidi nequit, illud eſt ſimplex, abſolute tale, ſiue
ſimpliciſſimum: atqui conſcientia perceptionis non
poteſt diuidi in plura. extra ſe exiſtentia; ergo ſimplex ſit neceſſe eſt." S. Metaph. §. 61.

** Die Entwickelung dieſes Beweiſes läßt ſich finden
in der Philoſophie der Religion II. B. IV. St.
p. 43 — 61.

·

§. 67.
Gegengründe.

Man erwarte nicht, daß ich alle die
Gründe, und Zweifel, die man wider die
nothwendige Einfachheit der denkenden Subſtanz auf die Bahn brachte, in einem Kom-
pendium, bey welchem noch beſondere Umſtände Kürze fordern, anführe. Nur aus
den vielen die erheblichere!

Doch, ehe ich mich in Auflöſung der vorzutragenden Einwürfe einlaſſe, will ich meinen

nen HH. Zz. einige Maximen vorlegen,
die Sie zwar in vielen anderen Materien,
vorzüglich aber in dieser, bey der die Sprache für die Subtiligkeit der Untersuchungen
nicht einmal Gelenksamkeit genug besitzt, mit
gutem Vortheile befolgen werden. *

1. „Ein jeder Liebhaber der Wahrheit
sey stolz genug, sich durch kein Ansehen der Person blenden, durch keine Schwierigkeit abschrecken zu lassen,
mit eigenen Augen zu sehen. Grosse
Männer haben diese Schwierigkeit
unauflöslich gefunden? — Vielleicht
gelingt es unserer Kleinigkeit sie auf-
zulösen? — Jahrhunderte hat man
hierüber vergeblich philosophirt? —
Wer weiß, was morgen geschieht;
ein jeder prüfe seine Kräfte, und
versuche, wie weit er kommen kann. „

2. „Der Weltweise sey nie zu eitel, zur
rechter Zeit mit der Antwort einzu-
tretten, die unserer Schwachheit so
angemessen ist: dieß weiß ich nicht.
Aus dem Wahne auf alle Fragen
eine Antwort in Bereitschaft zu haben, sind die ungereimtesten Meinungen entsprungen, die der Philosophie
zur Unehre gereichen. „

Stöger, Metaph.   K   3.

3. „Weil wir dieses, oder jenes nicht wissen, folget nicht, daß wir gar nichts wissen. Wenn wir gleich vom Zirkel das Verhältniß zum Durch: messer nicht ganz genau wissen, so sind die Wahrheiten, die in der Geometrie vom Zirkel gelehrt werden, nichts desto weniger unumstößlich. So wenig wir die Völker kennen, die in den innersten Theilen von Afrika sich aufhalten, so sind uns doch die Völker nicht unbekannt, die hier, und da an der Küste wohnen.“ Und nunmehr zu den Einwürfen selbst.

I. „Es ist unbegreiflich, wie ein einfa: ches Wesen Vorstellungen von zusam: mengesetzten, ein unausgedehntes von ausgedehnten Dingen haben könne.“

Antw. Man setzt hier voraus, daß das vorstellende Subjekt von eben der Natur seyn müsse, wie das Objekt der Vorstellung. Wo sind die Gründe für diese Vorausse: tzung? — doch zugegeben, daß uns das wie bey dieser Frage immer unbegreiflich bleibe, was soll daraus folgen? Etwa die Unmöglichkeit des Factums? — dann müs: sen wir viele Facta läugnen. Zum Glücke
weiß

weiß man, daß die Gränzen unſerer Begriffe nicht immer die Gränzen der Möglichkeiten ſind.

Die aufgeworfene Frage berechtiget mich zu einigen Gegenfragen: Iſt es leichter zu begreifen, wie das Ausgedehnte Vorſtellungen vom Nichtausgedehnten, das Einfache vom Zuſammengeſetzten haben könne? Und würde etwa nicht wohl gar folgen, daß das denkende Weſen, weil es ausgedehnt ſeyn ſoll, um Vorſtellungen von ausgedehnten Dingen zu haben, von eben der Ausdehnung ſeyn müſſe, als das Objekt der Vorſtellung? Demus, ſagt jemand, fieri poſſe, quae quo pacto fiant, nos ignorare fateamur, und dann braucht's ſolcher Fragen nicht.

II. „Warum ſoll ſich nicht durch die Vereinigung mehrerer Denkungskräfte — ſie mögen an, und für ſich vollſtändig ſeyn, oder nicht, ein denkendes Ganzes herausbringen laſſen? Können ſich doch die Bewegungskräfte der einfachen Beſtandtheile, aus denen die Körper zuſammengeſetzet ſind, ſo vereinbaren, daß ſie eine einzige Bewegungskraft des ganzen Körpers ausmachen; warum denn nicht auch die Denkungskräfte?‟

Antw.

Antw. Es ist eben nicht schwer die Ursache hiervon einzusehen. Besagte Vereinigung hat bey den Bewegungskräften Platz: denn die Wirkungen derselben sind nach einem gemeinschaftlichen Ziele gerichtet. Nur dort, wo das Ziel irgendwo außer den Substanzen, die mit der wirkenden Kraft begabt sind, gesetzet ist; kann diese Richtung Statt finden — ein Umstand, der sich bey dem Bewegen, nicht aber bey dem Denken ereignet. Die Bewegung hat allemal bestimmte Richtung auf ein gewisses äußeres Ziel; und die Substanz, die sich beweget, wirkt nicht in sich zurück, sondern sie zielt hinaus: denn sie bestrebet sich den Ort zu verändern, und einen gewissen Raum bis auf einen gewissen Punkt zu durchlaufen. Im Gegentheile, wenn die Substanz denket, fällt die Richtungslinie nicht hinaus, sondern hinein; und die ganze Richtung gehet zurück, dorthin, woher sie entstanden ist. Die Substanz, welche denket, denket sich, und nicht einer andern. Sie enthält also das Ziel ihrer Richtung in sich selbst; und darum können mehrere Substanzen so wenig jemals zu einem gemeinschaftlichen Ziele zusammendenken, so wenig sie zugleich viele, und nur Eine Substanz seyn können.

III.

III. „Die Bewegungskraft ist einfach, und untheilbar; und nichts desto weniger im zusammengesetzten Körper vorhanden: warum denn nicht auch die Denkkraft?“

Antw. In so ferne ist die Bewegungskraft im zusammengesetzten Körper vorhanden, als er ein Aggregat einfacher Substanzen ist: eigentlich zu reden, kömmt sie nur diesen zu, und ist, in so weit sie dem Körper beygelegt wird, nur ein Phänomen, das aus Tendenz der einzelnen Kräfte nach einem, und eben demselben Ziele seinen Ursprung zieht. Läßt sich das wohl auch von der Denkkraft sagen?

IV. „Wenn alles, was denket, einfacher Natur ist, so gehören alle Geister zu einerley Art, und folglich ist keiner vom andern wesentlich unterschieden.“

Antw. Schon wieder eine falsche Unterstellung! Man zeige vorher, daß alles Einfache von einerley Art ist. Der Beweis dürfte schwer lassen. — Bis dahin mag der Einwurf beyläufig soviel Gewicht haben, als ein Resonnement, womit man die Einartigkeit aller Metalle zeigen wollte, weil sie insgesammt Körper sind. S. deutsche Encyclopädie 11. B. Art. Gedanken.

* S. Mendelsohn von der Unkörperl. d. S. p. 39.

§. 68.

§. 68.
Immaterialität der denkenden Substanz.

Den Sinn der Frage über Immaterialität der denkenden Substanz habe ich §. 65. angegeben. Die Entscheidung derselben hängt von der Entwickelung des Begriffes, den wir uns von Materie machen sollen, ab. Mich wunderts, daß Philosophen, die sonst in der Wahl der Worte sehr genau sind, sich hier so unbestimmt ausdrücken. Heißt Materie so viel, als ein zusammengesetztes, und theilbares Wesen: so kann zwar die denkende Substanz, die nothwendig einfach, und untheilbar ist, (§. 66.) nicht Materie seyn: allein die ersten Bestandtheile des zusammengesetzten sind es nun eben so wenig, und können es nicht seyn. Wer sieht das Ungereimte nicht, das aus dieser Folgerung fließt?

Aber müssen wir denn die zween Laute: Materie und zusammengesetzt für gleichdeutig nehmen? Unterscheiden wir doch zwischen den Materialien, und dem Gebäude, welches daraus verfertiget ist: warum sollen wir das Nämliche nicht auch hier thun können? — Die einfachen Grundtheile, woraus das Zusammengesetzte besteht, nenne ich

Mate-

rerie; das Ganze ſelbſt ſoll zuſammenge-
ſetzt — Körper heißen. (S. Log. §. 27.
Anmerk.)

Wenn ich nun zeige, daß die denkende Subſtanz zu einer ganz andern Gattung
einfacher Dinge gehört, als wozu die erſten Grundtheile des Zuſammengeſetzten zu
zählen ſind, ſo iſt die vorgelegte Frage von
der Immaterialität derſelben in eben dem
Sinne beantwortet, den die Frage haben
kann, und haben ſoll.

Freylich wäre die Beantwortung dieſer
Frage leichter, wenn man ſie anſtatt auf
denkende Subſtanzen überhaupt auszudehnen,
nur auf unſer denkendes Ich, das wir nach
eigenen Empfindungen etwas näher kennen,
einſchränkte. Allein unter dieſer Beſchrän-
kung gehört die Frage nicht an dieſen Ort.
Wir müſſen alſo unſer Problem nach ſeiner
größten Allgemeinheit genommen aufzulöſen
ſuchen.

Wir kennen die Kräfte nur aus ihren
Wirkungen und Dinge, denen wir ganz
verſchiedene Kräfte zuzuſchreiben gezwungen
ſind, können wir nie mit Grunde zu einer,
und der nämlichen Klaſſe zählen.

Die

Die Wirkungen, die wir bey den Körpern wahrnehmen, beruhen alle auf der Bewegung; alle ihre Eigenschaften lassen sich entweder durch wirkliche Bewegung, oder durch das Bemühen nach der Bewegung erklären; nie fangen sie aus eigener Willkühr die Bewegung an, nie brechen sie dieselbe nach Willkühr ab; weder die bestimmte Geschwindigkeit, noch die Richtungslinie sind sie sich zu geben vermögend, noch die erhaltene von sich selbst zu ändern.

Diesen Wirkungen zufolge müssen wir den Körpern Bewegungskraft zuschreiben; Wille aber, oder Willkühr können wir ihnen nicht einräumen.

Die Körper sind Aggregate einfacher Dinge: ihre Kraft ist das Resultat der Kräfte ihrer Bestandtheile; ihr Unvermögen — ihr Mangel rührt von dem Unvermögen, und Mangel her, der ihren Elementen eigen ist. Wir müssen also auch diesen die Bewegungskraft zuschreiben; Wille aber, oder Willkühr können wir ihnen eben so wenig, als den Körpern einräumen.

Diese ersten Bestandtheile sind es, die wir unter dem Nahmen Materie verstehen.

Der

Der Materie kömmt also die Bewegungskraft, nimmermehr aber Wille zu.

Nun jede denkende Substanz besitzt
Wille. (§. 64.) Die Denkkraft selbst ist
eine von der Bewegungskraft ganz verschiedene Kraft. (S. Log. §. cit.) Also gehöret die denkende Substanz in eine ganz
andere Klasse der einfachen Dinge; als wozu die ersten Bestandtheile des Zusammengesetzten zu zählen sind — also ist sie von der
Materie verschieden — ist immateriel.

Anmerk. Nicht von der Immaterialität der menschlichen Seele insbesondere, sondern von der Immaterialität der denkenden Substanz überhaupt genommen, dürfte ich hier meinem vorgesetzten Plane gemäß nur handeln. Ist es einmal überhaupt
richtig, daß die denkende Substanz, und die Materie von disparater Natur sind, so ergiebt sich die
Anwendung auf Seele und Körper von selbst. Dieses wird an seinem Orte geschehen, wo es zugleich
der Platz seyn wird, die angeführten Gründe mehr
zu entwickeln, und mit neuen, die uns unser in-
nerstes Gefühl darbiethet, zu vermehren. Aus eben
dieser Ursache muß ich hier die meisten Einwürfe der
sogenannten Materialisten, da sie zu individuelo
sind, mit Stillschweigen übergehen. Höchstens ein,
und das andere Bedenken, das sich auf gegenwärtige
Frage nach ihrem ganzen Umfange genommen bezieht, kann ich anführen. *

I. Wenn

I. „Wenn die Materie, und die denkende Substanz gar nichts gemein haben,
woher kömmt es dann, daß das Zu-
nehmen und Abnehmen — die Veränderung, und überhaupt die Vollkommenheit, oder die größere, oder gerin-
gere Gewalt der Organe auf Empfindungen, Neigungen, und Begriffe einen so merklichen Einfluß haben?"

Antw. Müssen dann die Dinge, die
auf einander Einfluß haben, nothwendig von
einerley Natur seyn? Diese Unterstellung,
die den gemeinsten Erfahrungen widerspricht,
wird sich schwerlich beweisen lassen. — Und
ist es wohl so ganz ausgemacht, daß Dinge,
die ihrer Natur nach verschieden sind, durchaus in keinem Verhältnisse stehen können?
— Ich behaupte das Gegentheil.

II. „Aber wie soll man bey gänzlicher
Verschiedenheit der denkenden, und materiellen Substanzen diesen Einfluß begreifen?"

Antw. Immer mag uns die Art und
Weise dieses Einfließens unbegreiflich, und
dem ungeachtet der Einfluß selbst möglich bleiben. Wie viele Thatsachen könnten wir
wegräsonniren, wenn von unserm Nichtbe-
greifen

greifen auf das Nichtſeynkönnen der Dinge
der Schluß gälte? — Aber wird der Einfluß des einen auf das andere wohl begreifli-
cher, wenn man die Aehnlichkeit der Natur des
Wirkenden mit dem Leidenden vorausſetzt?

III. „Was können wir uns wenigſtens
    nach den Begriffen, die wir durch die
    Gewohnheit erlanget haben, für einen
    Unterſchied vorſtellen zwiſchen dem abſo-
    luten Nichts, und einem Weſen, das
    keine Materie iſt?“

Antw. Nur ein Paar Gegenfragen:
Iſt die Sprache der Gewohnheit immer die
Sprache der Wahrheit? Iſt niemals falſch,
was wir uns als wahr; niemals wahr, was
wir uns als falſch vorzuſtellen gewohnt ſind?
— — Die ferneren Einwürfe in einem
andern bequemern Orte.

* S. M. Mendelsſohns Abh. von der Unkörperlichkeit
   der menſchl. Seele IV. Betracht.

§. 69.
Wille.

Gleichwie ſich die Kraft zu denken nicht
ohne Wille, (§. 64.) ſo läßt ſich auch der
Wille nicht ohne Vorſtellungen annehmen.
Durch

Durch die Vorstellungen muß in der Substanz, wenn sie sich thätig zeigen soll, zuerst
entweder eine Lust, oder Unlust — und durch
diese das Bestreben, den Gegenstand derselben zu besitzen, oder zu entfernen erreget
werden.   Die Quelle dieses thätigen Be-
strebens in der denkenden Substanz, oder
das Vermögen derselben, nach ihren Vorstellungen thätig zu seyn, heißt nun Wille
in der weitesten Bedeutung.

Daß zwischen Wille, und Wille ein
Unterschied seyn könne, wie zwischen denken,
und denken, versteht sich von selbst.   Unvoll-
kommnes Denken: unvollkommner Wille;
erhöhtes Denken, erhöhter Wille.   Da ich
hier nur die allgemeinsten Begriffe zu entwickeln habe, so würde ich zweckwidrig handeln, wenn ich jeden individuellen, oder spe-
ciellen Unterschied anführen wollte.

Anmerk. Die Metaphysiker haben die Frage aufgeworfen, ob die beyden Kräfte zu denken, und zu wollen aus einer, und der nämlichen Grundkraft entspringen, oder nicht.   Ihre Meinungen sind ge-
theilt.   Ich meines Theils, der ich die Grundkräfte
der Dinge viel zu wenig kenne, wage es nicht zu
entscheiden.   Wenn gleich für mich die bejahende
Meinung viel mehr Wahrscheinlichkeit hat, als die
verneinende; so kann ich es doch sehr wohl leiden,
wenn diese am Ende soll den Preis erhalten.

§. 61.

§. 70.

Allgemeiner Grund des Wollens, und Nichtwollens bey denkenden Substanzen.

Dürfen wir es wohl wagen, von einer allgemeinen Grundbestimmung des Willens einer jedweden denkenden Substanz zu reden, da die Psychologen nicht einmal über den höchsten Grund des Wollens , oder Nichtwollens der menschlichen Seele einig sind: * — Ein Versuch ist doch wenigstens nicht zu verargen.

Daß die Aeußerungen des Willens mit dem jedesmaligen Zustande des Erkenntnißvermögens in genauester Verbindung stehen, läßt sich aus dem Gesagten abnehmen. In Bezug auf uns liefert die innerste Erfahrung einem jeden hierüber die überzeugendsten Beweise: und es ist kein Grund vorhanden, warum wir nicht eben diese Verhältnisse der Willensäußerungen zu den Vorstellungen bey anderen denkenden Substanzen sollen annehmen dürfen, bey deren sich eben dieser Unterschied derselben findet.

Allein die Frage; warum diese Vorstellung diese Willensäußerung nach sich zieht — jene Vorstellung die entgegengesetzte, ist noch lange nicht beantwortet. Und wenn
man

man gleich sagt, daß es daher komme, weil
die denkende Substanz Wohlgefallen bey der
einen, Mißfallen bey der andern Vorstellung empfindet; so giebt diese Antwort nur
zu einer neuen Frage Anlaß: worin nämlich
eben dieses seinen Grund habe?

Dieser Grund kann nirgends anders,
als in einer gewissen vorhergehenden Stimmung der denkenden Substanz selbst liegen. Man pflegt diese Simmung Neigung zu nennen. So gewiß es ist, daß
die denkende Substanz viele dieser Stim-
mungen erst durch Handlungen, und äußere Umstände erlanget habe; eben so un-
bezweifelbar ist es auch, daß ihr eine, und
die andere vom Anbeginn ihres Entstehens
zukomme. Könnten wir nun so eine Neigung entdecken, die einer jeden denkenden
Substanz von Natur aus eigen wäre, so
müßte eben diese der allgemeine Grund des
Wohlgefallens, und Mißfallens, der Begierde, und Verabscheuung, kurz der verschiedenen Aeußerungen des Willens seyn.

So eine Neigung ist die Selbstliebe;
und weil es nicht wahrscheinlich ist, daß irgend eine Kraft wider sich selbst gerichtet
seyn soll, und zum Verderben des Subjektes, dem sie wesentlich ist; weil ferner dasjenige, was wider die Natur einer Sub-

stanz

stanz streitet, ihr nicht angenehm seyn kann;
dasjenige hingegen, was mit ihrer Natur
übereinstimmt, angenehm seyn muß, so schei=
net zu folgen, daß diese Selbstliebe — das
Bestreben nach eigenem Wohlseyn die allge=
meine Grundbestimmung der Willensäuße=
rungen einer jedweden denkenden Substanz
sey, und*, seyn müssee.

* Feder Abh. über den m. W. I. Theil II. Band 1 K.
§. 38. ff.
** Cic. de Fin. L. IV. c. 8., an welchem Orte sich
mehreres hieher passendes findet.

§. 71.
Eigenthümlichkeiten geistiger Substanzen.

Daß den Substanzen, die wir Geister
nennen, Prärogative vor andern unempfin=
denden, und bewußtseynlosen Substanzen zu=
kommen, läßt sich leicht aus dem Begriffe
eines Geistes herleiten. Welche sind nun
diese Prärogativen?

1. Fähigkeit glückselig zu seyn. Die=
ses lehren die Begriffe unmittelbar.

2. Leben im engeren Verstande, in so
fern es das Vermögen zu empfinden,
und zu erkennen in sich faßt. S.
Platners Anthr. I. Hauptst. Erste
Lehre.

3. Ver=

3. Vermögen eine letzte Absicht in sich zu gründen. Das Nichtgeistige kann nur als Mittel dienen.

4. Willkühr — ein Vermögen, sich nach Gefallen, oder Belieben zu einer Handlung zu bestimmen.

* Wollte man so ein Vermögen Freyheit nennen, so würde freylich folgen, daß Freyheit einer jeden denkenden Substanz eigen sey. Allein diese Freyheit wäre nicht jene psychologische Freyheit, von der, ob sie der menschlichen Seele zukomme, oder nicht, die Philosophen so viel zu reden wissen. Wir versparen die Behandlung dieses Gegenstandes in die Seelenlehre.

§. 72.

Von den möglichen Unterschieden denkender Substanzen.

Drey Fragen werfen sich hier dem Forscher auf, deren Auflösungen, wenn sie sich auch über die Grade der Wahrscheinlichkeit nicht allemal erschwingen sollten, dennoch nicht ohne Nutzen seyn dürften.

Erste Frage. Sind außer den uns bekannten, denkenden Substanzen in andern Weltregionen, wohl auch noch andere Klassen und Ordnungen solcher Substanzen möglich?

lich? — Ich sage mit voller Zuversicht Ja. Denn die Sache hat keinen Widerspruch.

Zwote Frage. Sind sie wirklich? — Hier ist mir nur zu muthmassen erlaubt. Meine Vermuthung ist, daß es solche Substanzen auch wirklich gebe. Ohne auf Geistererscheinungen, und vorgebliche Wirkungen solcher unsichtbaren Kräfte mich einzulassen * glaube ich mich zu einer Vermuthung durch die Analogie sowohl, als durch die überall bemerkbare Stuffenfolge der Wesen berechtiget zu seyn. **

Dritte Frage. Worin bestehen die Unterschiede solcher denkenden Substanzen? — In den verschiedenen Fähigkeiten ihrer Kräfte, die einen höhern oder niederern Grad der Vollkommenheit erreichen, und eben dadurch verschiedene Grade der Glückseligkeit bewirken.

* Wer Liebhaber ist von Geschichten der Erscheinungen, und Wirkungen unsichtbarer Wesen, wird in des Herrn Aug. Calmets Abh. von den Erscheinungen der Geister, und den Vampirn Augsb. 1751. im Ueberflusse finden, was seine Begierde sättigen kann.

** S. H. K. Bonnets Betracht. über die Natur I. Band III. und IV. Theil herausgegeben von F. A. Schrämbl. Wien 1789.

§. 73.

Stögers Metaph. L

§. 73.

Eine Hypothese.

Vorausgesetzt, daß jeder endliche Geist mit irgend einem Körper, der ihm als Typus, oder als Schema seiner Vorstellungen dienet, verbunden seyn müsse, erhält dadurch die vorhergehende Lehre von dem Unterschiede denkender Substanzen noch mehr Licht. Die Verschiedenheit der umgebenden Körper muß auf die Verschiedenheit der Geistesfähigkeiten den wichtigsten Einfluß haben. Viele, besonders neuere Philosophen bekennen sich zu dieser Hypothese. Die Gründe, worauf sie ihre Vermuthung stützen, sind folgende:

1. Der endliche Geist ist seiner Natur nach eingeschränkt — eingeschränkt in Ansehung des Materiellen seiner Vorstellungen, d. i. der Menge der Gegenstände, die er zu befassen vermag; eingeschränkt in Ansehung ihrer Form, d. i. des verschiedenen Grades der Klarheit, womit er sich dieselben vorstellet. *

2. Es muß seinen Grund haben, warum aus der unendlichen Menge der Gegenstände nur diese, und keine andere;

dere; in dieſem, und keinem andern — höhern oder niederern Grad
der Klarheit ſich darſtellen.

3. Kein vernünftiger Grund läßt ſich
   hiervon angeben, außer das beſtimmte Verhältniß dieſer Objekte zu jenem körperlichen Organ, das die
   denkende Subſtanz umgiebt, und
   deſſen ſie ſich bey ihren Operationen bedienet.

4. Gleichwie nun hieraus folget, daß eine
   jede geiſtige Subſtanz von irgend
   einem materiellen Weſen, in welchem,
   und durch welches ſie wirket, um-
   geben; ſo wenig iſt nothwendig, daß
   dieſes körperliche Gewebe überall aus
   einerley Stoffe, und auf eben die
   nämliche Weiſe zubereitet iſt. Und
   hieraus fließt die Verſchiedenheit der
   Vollkommenheiten geiſtiger Subſtanzen.

. Als Hypotheſe läßt ſich ſo was immer hören.

* S. Herders Ideen zur Phil. der Geſch. der Menſchheit.
I. Th. 5. B. II. S. 292 — 301. Carlsruhe 1790.

§. 74.

Von dem Ursprunge, und Untergange der denkenden Substanzen.

Denkende Substanzen sind einfach (§. 66.) also können sie nur entstehen durch Schöpfung, und untergehen durch Vernichtung (§. 60.)

Leicht ist es hier eine Menge Fragen aufzuwerfen; aber schwer, ja unmöglich, sie alle auf eine befriedigende Art zu beantworten. Die wichtigeren dieser Fragen kommen in der Seelenlehre vor; die übrigen können wir sicher mit Stillschweigen übergehen.

II. Von der vollkommensten Substanz.

§. 75.

Absicht dieses Lehrstückes der Metaphysik.

Daß wir uns durch Absondern und Zusetzen Begriffe bilden können, deren Gegenstände nicht unter den Dingen vorkommen, die wir mit äußeren Sinnen wahrnehmen, davon ist unser Selbstgefühl der unverwerflichste Zeuge. Auf diese Weise erschwingen wir uns zu dem Begriffe von einem Wesen, das jede Realität im aller-

höch-

höchſten — im unendlichen Grade beſitzt; und dieſes Weſen verſtehe ich nun unter dem Nahmen der vollkommenſten Subſtanz.

Meine Abſicht iſt es jetzt nicht, mich in die Betrachtung einzelner Vollkommenheiten, noch in eine genaue Zergliederung derjenigen Sätze einzulaſſen, denen nur im Gebiethe einer Philoſophie der Religion Platz zukömmt. Mir iſt es dermalen genug, zu unterſuchen, ob das Ideal der höchſten Vollkommenheit bloß ein Geſchöpf der aufgeklärteren Vernunft, oder ob es mehr, als eine Idee ſey; ſo daß etwas als Objekt wirklich exiſtire, ſo dieſer Idee entſpricht, und folglich da ſeyn würde, wenn auch keine menſchliche Vernunft da wäre. Die Wichtigkeit dieſer Unterſuchung bedarf keiner Empfehlung.

* Im Kollegio werde ich die Beſtandtheile angeben, aus denen das Ideal der höchſten Vollkommenheit zuſammengeſetzet werden muß; und den Unterſchied zwiſchen ganz reiner (perfectio pura) und gemiſchter Vollkommenheit zeigen. Hieraus wird ſich aufklären, was die Phraſen der Schule: eſſe in Deo formaliter: eſſe eminenter für Begriffe bezeichnen.

§. 76.

§. 76.

Verſchiedene Beweisarten für das objective Daſeyn
der vollkommenſten Subſtanz.

„Es giebt drey verſchiedene Methoden,
ſagt Herr Mendelſohn, * das Daſeyn Gottes zu erweiſen. Man bauet erſtlich auf das
Zeugniß der äußern Sinne; nimmt in Zuverſicht auf ihre Ausſage eine äußerliche
ſinnliche Welt als wirklich an, verſuchet zu
beweiſen, daß eine ſolche ſinnliche Welt ohne
ein nothwendiges, außerweltliches Weſen
nicht denkbar ſey. — — Es iſt eine ſinnliche Welt außer uns wirklich; alſo iſt ein
Gott außer uns, und der Welt auch wirklich vorhanden.

Nach der zweyten Methode trauet man
dem Zeugniſſe des innern Sinnes; nimmt
auf deſſen Ausſage unſer eigenes Daſeyn,
als eine unumſtößliche Wahrheit an, um
von dieſem auf das wirkliche Daſeyn Gottes zu ſchließen: Ich bin, alſo auch ein Gott.

Die dritte Methode verwirft beydes,
das Zeugniß ſowohl des innern, als des
äußern Sinnes, und gehet kühnes Schrit-
tes aus dem Reiche des idealiſchen Weſens
ins Reich der Wirklichkeit. Sie wagt es
zu beweiſen, daß ein nothwendiges Weſen
vor-

vorhanden seyn müsse, weil ein nothwendiges Wesen gedacht werden kann; sie schließt reales Daseyn aus bloßem Begriffe, und will das Band gefunden haben, das Möglichkeit und Wirklichkeit verbindet. Ein Gott ist denkbar, also ist ein Gott auch wirklich vorhanden.

Die beyden ersten Methoden, nach welchen eine Eristenz vorausgesetzt wird, nennt man die Beweisart a posteriori; die letztere aber, welche von der Idee eines nothwendigen Wesens auf dessen Daseyn schließt, wird die Beweisart a priori genannt."

Die beyden ersten Methoden machen eigentlich, wie Herr Jakob anmerket, ** nur diejenige Beweisart aus, welche Leibniß a contingentia mundi nennt; denn es liegt in beyden nur eine unbestimmte Erfahrung, oder irgend ein Daseyn zum Grunde. Hingegen giebt es noch einen Beweis, worin eine bestimmte Erfahrung, nämlich die Beschaffenheit unserer Sinnenwelt zum Grunde gelegt wird, und den man den physikotheologischen nennen kann, da hingegen jener der kosmologische überhaupt heißt.

Da

Daher ſagt Herr Kant *** mit größ=
ter Beſtimmtheit des Ausdrukes: „Es ſind
nur drey Beweisarten vom Daſeyn Gottes
aus ſpeculativer Vernunft möglich — — der
phyſikotheologiſche, der cosmologiſche, und
der ontologiſche.“ Da nun nach den Grund=
ſätzen der K. d. r. V. keiner dieſer Beweiſe zu=
reicht, Gottes Daſeyn apodictiſch darzuthun,
und da durchaus keine Hoffnung nicht übrig
iſt, je dem Gebiethe der theoretiſchen Ver=
nunft in eine wahre und vollſtändige Ueber=
zeugung zu erlangen, ſo verläßt es Hr. Kant,
und ſuchet ſie in der praktiſchen Vernunft,
in der er ſich auch einen Erkenntnißgrund
für dieſe ſo wichtige Wahrheit gefunden zu
haben ſchmeichelt, der nicht nur über alle
Einwürfe und Zweifel von einiger Bedeu=
tung erhaben, ſondern auch der einzige iſt,
der der gänzlichen Unwiſſenheit der ſpecula=
tiven Vernunft in der Lehre von Gott ab=
zuhelfen, und die feſteſte ſowohl, als für die
Moralität der Menſchen nützlichſte Ueberzeu=
gung hervorzubringen im Stande iſt. Wir
wollen ihn den moraltheologiſchen nennen.

* S. Morgenſtunden, oder Vorleſungen über das Da=
ſeyn Gottes. S. 155.

** S. Prüfung der Mendelſohnſchen Morgenſtunden
S. 195.

*** S. Krit. der r. V. Erſte Ausgabe. S. 590.

Um

Anmerk. In Hinsicht auf die Materie der Beweisgründe für Gottes Daseyn können wir zu den obigen noch den historischen, und moralischen setzen.

Der historische Beweis wird genommen aus dem allgemeinen Glauben aller Völker an Gottes Daseyn; der moralische aus den Regungen des Gewissens. Ich lobe mir hierüber Herrn Ulrichs Urtheil *.

„In *historico* (argumento) non video, quid praesidii insit pro ipsa Deorum opinione. Namque si vel maxime illa omnium gentium, et humani generis esset consensio adeo communis, et una, quae tamen non est, ** certe philosophum excitaret ad caussas tam admirandae conspirationis in tanta reliquorum discrepantia inuestigandas, quibus inuentis iudicium demum constare posset de ipsa opinione, per se autem hanc nondum commendaret, cum in aliis saepe rebus, non quod multitudini videtur, sed quod paucioribus praestare videamus.“

„Nec maior vis inest illi, quod vulgo *morale* dicitur, argumento, ab interioribus mentis, praue facti consciae, motibus ductum. Namque si discesseris ab illis ingratis sensibus, praue factorum conscientiam comitantibus, qui tribuendi sunt *Sympathiae*, et *sensui* cuidam *conuenientiae*, et *contrarii*, quibus fit, vt ipse mihi displiceam, etiamsi nihil foris adueniens metuam, qui igitur esse possunt sine vlla Numinis cogitatione, si ab his, inquam, motibus discesseris, omnis reliqua mentis, sceleris consciae, anxietas est aut *ex metu poenarum naturalium*, et *aliorum malorum ab aliis hominibus nunc*

im-

imminentium, aut *ex metu occulti teſtis*, *et vindiciis praue factorum* ſ. Dei. Ille metus plane non eſt haius loci. Hic autem omnis eſt ab inſtitutione, et ab ea, quibus a prima aetate imbuti ſumus, opinione, adeoque ipſe puerilis, et inanis, niſi aliunde conſtet de veritate huius opinionis.

* S. Initia Philoſophiae de Natura diuina Cap. II. Sect. II. §§. 23. 24.

** Man vergleiche Herrn Vierthalers phil. Geſchichte der Menſchen, und Völker I. B. von der Religion der Wilden und Barbaren.

§. 77.
Ontologiſcher Beweis.

Der ontologiſche Beweis für das Daſeyn Gottes iſt eben der, der insgemein der Beweis a priori genannt wird. Man führt ihn aus dem Begriffe des allervollkommenſten Weſens. Kurz vorgetragen mag er ſo lauten: Die vollkommenſte Subſtanz iſt ſelbſt in ihrer Möglichkeit nicht gedenkbar ohne die Exiſtenz; alſo muß ihre Wirklichkeit zugegeben werden, ſo bald die Möglichkeit des Begriffes bewieſen iſt; oder noch kürzer: die vollkommenſte Subſtanz iſt möglich; alſo wirklich: ſie kann ſeyn, alſo iſt ſie auch *. Die Belege für die Richtigkeit des Vorderſatzes laſſen ſich oben §. 26.

26. auffinden; die Bündigkeit des Schluß-
ſatzes wird die Entwickelung der Begriffe
zeigen.

Dieſer Beweis hat zu allen Zeiten ſeine groſſen Vertheidiger und Gegner gefunden. Unter dieſen ſcheint mir der wichtigſte
Herr Kant zu ſeyn, der in ſeiner Kr. d.
r. V. die Unmöglichkeit eines ontologiſchen
Beweiſes vom Daſeyn Gottes geradezu behauptet. Denn was andere dawieder ein-
wenden, iſt nur Wiederhohlung der Grundideen dieſes tiefblickenden Denkers.

Wenn ich die kantiſchen Einwürfe recht
verſtehe, wollen die vorzüglichſten derſelben
Folgendes ſagen:

1. „Im ontologiſchen Beweiſe iſt die
    Exiſtenz des unendlichen Weſens im
    Subjekte nur bedingungsweiſe ent-
    halten. Dieſes erhellet aus den Bey-
    ſpielen, womit man die Nothwen-
    digkeit des Daſeyns eben dieſer Sub-
    ſtanz zu erklären ſuchte, die alle ohne
    Ausnahme nur von Urtheilen, aber
    nicht von Dingen, und deren Da-
    ſeyn gelten. Es iſt aber die abſo-
    lute Nothwendigkeit des Urtheiles nur
    eine bedingte Nothwendigkeit der
                                Sache,

Sache, oder des Prädikats." Kr.
d. r. V. S. 593 und 594.

Antw. Keineswegs iſt die Exiſtenz des
U. W. im Subjekte nur bedingnißweiſe enthalten. Was die angeführten Beyſpiele an-
belangt, ſo betrifft in denſelben die Vergleichung nur die Nothwendigkeit der objektiven Wahrheit und Gültigkeit der Sätze;
nicht die Gleichheit der Affirmation und des
Inhaltes. Gleichwie der geometriſche Satz:
ein Triangel hat drey Winkel, objek-
tiv gültig, und nothwendig iſt; ſo iſt es
auch dieſer: das unendliche Weſen exiſtirt. In ſo weit gilt die Vergleichung:
nicht aber; der erſte hat nur bedingte Nothwendigkeit, alſo auch der zweyte. Denn
nicht im erſten, wohl aber im zweyten Satze iſt das ganze Prädikat der Exiſtenz in
der Möglichkeit des Subjektes enthalten.
Wenn ein U. W. möglich iſt, ſo iſt es
auch wirklich; Hr. Kant muß alſo zeigen,
daß das U. W. entweder ganz unmöglich,
oder möglich iſt ohne Exiſtenz; oder der
Beweis a priori behält ſein volles Gewicht.
Er ſagt zwar:

2. „Wenn man das Prädikat eines Ur-
theiles ſammt dem Subjekte aufhebt,
ſo kann niemals ein Widerſpruch
ent-

entspringen, das Prädikat mag auch
seyn, welches es wolle." a. a. O.
S. 595.

Antw. Allein gilt dieses auch in jenem
Falle, wo die Wirklichkeit des Prädicates
in der Möglichkeit des Subjektes seinen zureichenden Grund hat? Dieser Fall ist hier.
Die Realität des Prädikates läßt sich nicht
aufheben, wenn nicht die Möglichkeit des
Subjektes aufgehoben wird. Ist es aber
nicht Widerspruch, die Möglichkeit eines
Dinges aufheben, das nicht anders, als
möglich seyn kann?

3. „Herr Kant fragt: Ist der Satz:
das U. W. existirt, analytisch,
oder ist er synthetisch? Im ersten
Falle enthält er eine elende Tauto-
logie; im zweyten läßt sich das Prädikat ohne Widerspuch aufheben.
In keinem Falle ist also der seynsollende Beweis apodictisch." S.
597 und 598.

Antw. Der angeführte Satz ist analytisch. Der Begriff des Prädikates ist
folglich in jenem des Subjektes schon (wenigstens versteckter Weise) enthalten; und
dieses wird vermittelst eines dritten Begriffes

ses der reinen Realität entwickelt. · Wenn
dieses Tavtologie heißt, so giebt es keinen
analytischen Satz, den nicht das Schick-
sal trifft, tavtologisch zu seyn.

4. „Ich würde hoffen, fährt Hr. Kant
fort, diese grüblerische Argumenta-
tion, ohne allen Umschweif, durch
eine genaue Bestimmung des Begriffes der Existenz zu Nichte zu machen, wenn ich nicht gefunden hätte,
daß die Illusion in Verwechslung
eines logischen Prädikats mit einem
reälen (d. i. der Bestimmung eines
Dinges) beynahe alle Belehrung
ausschläge. Zum logischen Prädikate
kann alles dienen, was man will:
so gar das Subjekt kann von sich
selbst prädicirt werden; denn die Logik abstrahirt von allem Inhalte.
Aber die Bestimmung ist ein Prädikat, welches über den Begriff des
Subjektes hinzukömmt, und ihn vergrößert. Sie muß also nicht in ihm
schon enthalten seyn.“ S. 598.

Antw. Wenn ich den Gedanken des H.
Kant, den diese Sätze enthalten, erreiche;
so ist er dieser: Aus einer genauen Bestimmung des Begriffes der Existenz erhellet,
daß

daß das Prädikat: (exiſtirt) nicht in dem
objektiven Subjekte (U. W.) ſchon enthalten ſeyn könne. Denn exiſtiren heißt ſo viel
als durchaus beſtimmt ſeyn. Dieſe durchgängige Beſtimmung iſt nun ein Prädikat,
welches über den Begriff des Subjektes
hinzukömmt, und ihn vergrößert. Sie
kann alſo nicht ſchon in ihm enthalten ſeyn.
Folglich iſt der Satz: das U. W. exiſtirt,
ein ſynthetiſcher Satz.

Allerdings gebe ich nun zu, daß die
durchgängige Beſtimmung (Exiſtenz) ein
Prädikat iſt, welches über den Begriff der
Möglichkeit eines endlichen Weſens hinzukömmt, und ihn vergrößert. Aber daß in
Bezug auf das U. W., das den vollen
Grund ſeiner Wirklichkeit in der Möglichkeit hat, und welches ohne wirklich zu ſeyn
nicht einmal möglich iſt, eben dieſes geſchehe, dieſes läugne ich, und erwarte den Beweis dafür. — Vielleicht iſts dieſer:

5. „Seyn iſt offenbar kein reäles Prädikat, d. i. ein Begriff von irgend
etwas, was zu dem Begriffe eines
Dinges hinzukommen könne. Es
iſt bloß die Poſition eines Dinges,
oder gewiſſer Beſtimmungen an ſich
ſelbſt. Im logiſchen Gebrauche iſt

es

es lediglich die Copula eines Urtheils.
Der Satz: Gott iſt allmächtig, enthält zwey Begriffe, die ihre Objecte
haben: Gott und Allmacht; das
Wörtchen: iſt, iſt nicht noch ein
Prädikat oben ein, ſondern nur das,
was das Prädikat beziehungsweiſe
aufs Subjekt ſetzt. Nehme ich nun
das Subjekt (Gott) mit allen ſeinen Prädikaten, worunter auch die
Allmacht gehöret, zuſammen, und
ſage: Gott iſt, oder es iſt ein Gott,
ſo ſetze ich kein neues Prädikat zum
Begriffe vonl Gott, ſondern nur
das Subjekt an ſich ſelbſt mit allen ſeinen Prädikaten, und zwar den
Gegenſtand in Beziehung auf meinen Begriff. Beyde müſſen genau
einerley enthalten, und es kann daher zu dem Begriffe, der bloß die
Möglichkeit ausdrückt, darum, daß
ich deſſen Gegenſtand als ſchlecht-
hin gegeben, durch den Ausdruck:
er iſt, Denke, nichts weiter hinzukommen. Und ſo enthält das Wirkliche nicht mehr, als das bloß Mögliche.

Antw. Wenn ich nicht irre, ſo heben
dieſe Sätze auf, was in den vorigen ge-

ſetzt

seßt wurde. Existenz war vorhin eine Bestimmung, die zu dem Begriffe der Möglichkeit des Subjektes etwas hinzusetzt, ihn
vergrößert, und folglich real ist; und nun
hört es mit einem Male auf, ein reales
Prädikat zu seyn. Man denke von mir,
was man immer wolle, unmöglich kann
ich doch eine Philosophie schätzen, die durch
eine allmächtige Kunstsprache in einem Nu
niederstürzt, was sie kurz vorher errichtet
hat. Soll diese meine Aeußerung einen
bloß subjektiven Wahn zum Grunde haben,
so werde ich dem Wahrheitsfreunde meinen
Dank ablegen, der mir freundschaftlich die
Quelle meines Irrthums anzeigt. Indessen
antworte ich: daß das Wörtchen: ist, als
Copula in einem logischen Satze kein reales
Prädikat bezeichne, räume ich gerne ein:
daß es aber im logischen Gebrauche lediglich nur die Stelle der Copula eines Urthei-
les vertretten könne; dieses scheint mir mit
zu vieler Zuversicht gesprochen. Immer mag
dieses wahr seyn in dem angeführten Beyspiele: Gott ist allmächtig; aber ist es nun
ein für alle Male wahr? — Das nenne ich
a particulari ad vniuersale schlüßen. Wer
nimmt wohl in dem Satze: Gott ist das
Wort: Seyn in eben dem Sinne, in dem
es zu nehmen ist, wenn es heißt: Gott ist
allmächtig? Hier ist es bloß Copula; ist

Stöger, Metaph.   M   es

es wohl auch dort nicht mehr? Jener Satz hat also kein Prädikat, und doch drücket er ein Urtheil aus? Wir haben also ein Urtheil ohne Prädikat? — Das fasse, wer da immer kann, und mag!

Für jetzt über diesen Gegenstand genug. Aeltere Einwürfe wider den ontologischen Beweis vom Daseyn Gottes zu prüfen, wird sich beym mündlichen Vortrage Gelegenheit geben.

Schön entwickelt trägt diesen Beweis Herr Mendelsohn in seinen Morgenstunden XVII. Abh. vor, wo er zugleich die Denkbarkeit der u. S. auf eine ihm eigene Weise darzuthun suchet. — Uebrigens bediente sich dieses Beweises schon Cartes v. Caresii Princ. Phil. P. I. §. XIII. — XV, Med. V. Selbst Leibnitz streitet die Gültigkeit des Schlußsatzes nicht an, wenn der Vordersatz seine Richtigkeit hat. V. ep ad Meierum Theol. Bremensem in den von Feller herausgegebnen Miscellaneis pag. 62 — 64. Aber Anselm Erzbischof von Canterbury — einer der berühmtesten scholastischen Philosophen des 11ten Jahrhunderts scheint der erste gewesen zu seyn, der ihn auf die Bahn brachte. S. Ant. Fried. Büschings Grundriß einer Gesch. der Phil. II. Th. S. 112.

§. 78.

§. 78.
Cosmologischer Beweis.

Mittelst des cosmologischen Beweises
schließt man von der Existenz des Zufälligen
auf die Existenz des Nothwendigen — von
der Existenz des Bedingten auf die Existenz
des Unbedingten. Die Form, in die man
diesen Beweis einzukleiden von jeher gewohnt war, ist, und bleibt eine Auflösung
des dunkeln Gefühles von der Abhängigkeit
des Bedingten von einem gewissen Unbedingten in deutliche Begriffe und Schlüsse.
So verschiedenartig nun das Bedingte ist,
von dem man bey dem Beweise ausgeht,
so mannigfaltig wird das Kleid, in das
man ihn einhüllet.

Der eine fängt bey dem allgemeinen
Satze, daß etwas da ist, zu schließen an;
der andere macht den Anfang damit, daß
eine Welt da sey; ein dritter legt den Satz
zum Grunde, daß es eine Reihe von Ursachen und Wirkungen; daß es Menschen und
Thiere; daß es einfache Dinge, aus denen
das Zusammengesetzte bestehet, daß es eine
Reihe von Bewegungen gebe u. s. f. Kurz:
man kann die Schlußkette, die diesen Beweis ausmacht, an alles anknüpfen, was
nur immer ein Gegenstand der Erfahrung

ist.

ist. Vielleicht geschieht es auf die einleuch=
tendste Weise, wenn man von der Existenz
der Seele — sie sey nun Substanz, oder
nicht, den Beweis anfängt. Wir wollen
es im Kollegio versuchen. *

Da ich schon oben §. 28. Anmerkung
gezeiget habe, daß jeder Fortgang ins Unend=
liche als wirklich gedacht, und folglich auch
jede unendliche Reihe des Bedingten und
Abhängigen widerspreche, * * so kömmt es
hier bey der Untersuchung der apodictischen
Gewißheit unsers Beweises einzig auf die
Frage an, ob das Gesetz der Caussalverbin=
dung, wodurch der Uebergang vom Bedingten
zum Unbedingten bewerkstelliget wird, trans=
scendentale Gültigkeit habe, oder nicht.
So wenig dieses der kritische Philosoph zu=
giebt, eben so ausgemacht ist es jedem an=
dern, der den ersten Grundideen der K. d.
r. B. ihre Richtigkeit abzusprechen sich be=
rechtiget zu seyn erachtet. Man vergleiche,
was oben über Raum, Zeit, und Caussa=
lität gesaget worden.

* Man findet diese Form des Beweises in Stattlers
Theol. nat. C. I. de existentia Dei; in G. E. Schul=
ze Grundriß der phil. Wiss. II. B. §. XIV., wor=
auf ich mich indessen berufe.

* * Man sehe hierüber Feder über R. und C. §. 40.

Zu

Anmerk. Immer ist es mir noch unbegreiflich, wie man nach laut. Grundsätzen von dem, was erscheint, auf das objective Daseyn irgend etwas, das wir freylich nicht kennen, aber doch der Erscheinung zum Grunde liegt, schließen; von dem Bedingten aber auf das Unbedingte nicht sollen schließen dürfen. In einem Falle wie im andern bauet man auf den Satz des Z. G., überall wird er angewandt auf Dinge, die nimmermehr Gegenstände möglicher Erfahrungen sind, oder seyn können. Warum gilt dieses nur ein = und nicht auch das andere Mal? — Ueber die Antithesis der vierten Antinomie &. v. O. beym mündl. Vortrage.

§. 79.
Physiko = theologischer Beweis.

Dieser Beweis bestehet in dem Schluße vom Daseyn der Zweckmäßigkeit, Ordnung und Schönheit in den Dingen der gegenwärtigen Welt, so weit wir sie aus Erfahrung kennen, auf das Daseyn eines höchsten, d. i. unendlich weisen, mächtigen, in aller Rücksicht vollkommensten Wesens, das diese Zweckmäßigkeit, Ordnung, und Schönheit gewollt hat.

Wir mögen die Theile der uns bekannten Natur einzeln für sich, oder in Verbindung unter einander betrachten; überall entdecken

decken ſich Spuren der größten Ordnung
und Zweckmäßigkeit; überall beſtättiget ſich,
was Haller ſagt:

> — Geh durchs weite Reich, das
>   Gottes Hand gebauet,
> Wo hier in holder Pracht, vom
>   Morgenroth bethauet,
> Die junge Roſe glüht, und dort im
>   Bauch der Welt
> Ein unreif Gold ſich färbt, und
>   wächſt zum künft'gen Geld,
> Du wirſt im Raum der Luft, und
>   in des Meeres Gründen
> Gott überall gebildt, und nichts als
>   Wunder finden.

Daher haben dieſen Beweis, der vielleicht der älteſte aus allen, * ſo wie er auch
der klärſte, und der gemeinen Menſchenver-
nunft der angemeſſenſte iſt, verſchiedene auf
ganz verſchiedene Weiſe geführt. Der eine
richtete ſein Augenmerk auf die Welt im
Ganzen, der andere auf irgend einen individuellen Gegenſtand in derſelben. Der
Menſch, einzelne Theile des Menſchen, Aug,
Ohr, Hand, Herz u. ſ. w. Thiere und
Pflanzen haben dieſem oder jenem den Stoff
geliefert, in dem ſie überzeugende Gründe
für Gottes Daſeyn fanden. ** Der enge
Raum

Raum dieſer Blätter geſtattet es nicht, daß
ich mich jetzt in eine weitläufige Deduktion
dieſes Beweiſes einlaſſe. Es wird bey beſſe-
rer Gelegenheit geſchehen. * * *

Indeſſen ſo viele Achtung dieſer Beweis,
der wegen ſeiner allgemeinen Faßlichkeit,
und des Zuwachſes, den er durch die Erweiterung der Naturkenntniſſe unter der Lei-
tung der Vernunft immerfort erhält, den
wohlthätigſten Einfluß auf Sittlichkeit, und
religiöſe Denkungsart äußert, indem er das
Herz zur Dankbarkeit, zur Liebe, und zum
willigen Gehorſam gegen die Vorſchriften
deßjenigen erwärmt, der alles geſchaffen,
und jedem, was er geſchaffen hat, das Sie-
gel der Vollkommenheit ausdrückte — ſo
viele Achtung dieſer Beweis immer verdie-
net; ſo ſcheint es mir doch, daß er allein
für ſich genommen auf apodictiſche Gewißheit niemals Anſpruch machen darf.

Die Welt — wie groß, wie herrlich,
wie unerreichbar ſie für mich, und andere
meines Gleichen immer ſeyn mag (und dieſes gilt auch von jedem andern einzelnen Gegenſtande der Natur) iſt doch immer endlich
— begränzt in jeder Rückſicht. Sie läßt
mich wohl auf ein höheres, größeres, mäch-
tigeres, und verſtändigeres Weſen ſchließen,
als

als ich, und alle mir bekannte Weſen ſind
— aber muß es darum im eigentlichſten Verſtande unendlich ſeyn? „Wenn die Milbe
ohngefähr ſo den Palaſt eines Königs im
allgemeinen ſich vorſtellen könnte, wie wir
das Univerſum; und ihn in gleichen unge-
heuren Abſtand von ihrer Vorſtellungs- und
Wirkungskraft betrachtete, wie wir etwa
das Univerſum: und wollte nun — weil ſie,
und keines von dem Milbengeſchlecht, oder
irgend ein anders ihr bekanntes Weſen ſo
etwas hervorbringen könnte — gleich darum
ſchließen: der Baumeiſter müſſe das höchſte,
und allervollkommenſte aller Weſen ſeyn; ſo
wäre dieß ein Sprung, und wir wüßten,
daß die Milbe falſch geſchloſſen!“ So was
könnte uns ja auch begegnen, wenn unſern Schluß vom Daſeyn der größten Zweckmäßigkeit, Ordnung, und Schönheit der
gegenwärtigen Welt, ſo weit wir ſie im
Ganzen, oder in ihren Theilen kennen,
auf das Daſeyn einer allervollkommenſten
Subſtanz nicht anderweitige gänzlich überzeugende Gründe unterſtützten. Und darum
ſagte ich, daß dieſer Beweis allein für ſich
genommen auf apodictiſche Gewißheit nicht
Anſpruch machen könne.

* Wie ſchön iſt nicht, was wir hierüber ſchon bey Cicero finden: Man ſehe, was er im 2ten Buche de
                                                    Natura

Natura Deorum Cap. V. Cleanthen ſprechen läſt.
Item Cap. XL. wo er, nachdem er vieles über die
Geſtirne, ihren Lauf, Abſtand, Größe u. ſ. w. ge=
ſprochen hat, dieſen Schluß macht: Haec omnis de=
ſcriptio ſiderum, atque hic tantus coeli ornatus ex
corporibus huc, et illuc caſu, et temere concurſan=
tibus potuiſſe effici cuiquam ſano videri poteſt? Aut
vero alia quaedam natura mentis, et rationis ex=
pers haec efficere potuit, quae non modo vt fierent,
ratione eguerunt: ſed intelligi, qualia ſint, niſi
ſumma ratione non poſſunt. Dergleichen Stellen
finden ſich bey den Alten mehr.

* * Hierüber verdient nachgeſehen zu werden Aſtrotheo=
logia Derhami, welche auch deutſch von Alb. Fabri=
cius im Jahre 1732 zu Hamburg herausgegeben
worden. Item Walchs philoſ. Lex. Art. Gott.

* * * Man ſehe indeſſen Herrn Kant Crit. d. r. V. S.
622., und beſonders Herrn G. E. Schulze Grund=
riß der phil. Wiſſ. II. B. §. XVI. Phil. der Rel.
I. B. I. St. Reimarus nat. Rel. IV. Abh. und V.
deſſelben Betr. über die Triebe der Thiere, und
über die beſonderen Arten der thieriſchen Kunſttriebe,
Wien 1790 herausgegeben durch Schrämbl.

Anmerk. Man würde mich ganz irrig verſtehen, wenn
man dächte, daß ich irgend einem jüngern, oder
ältern Epicurder das Wort reden wolle, indem ich
die apodictiſche Gewißheit dieſes Beweiſes in Be=
ſchlag nehme. Nein: Ohngefähr, und nothwendi=
ges Verhängniß — eines iſt ſo unſinnig als das an=
dere, wenn es als Erklärungsgrund des Entſtehens
oder

oder des Fortdauerns der Dinge paradiren ſoll. Es
wird hierüber die Rede in der Cosmologie ſeyn.
Indeſſen laſſen wir gelten, was Herr Wieland ſo
ſchön, als wahr von der Welt ſagt:

Sie iſt zu ſchlecht, in ſich die Wirklichkeit zu finden;
Zu ſchön, von ohngefähr ſich aus dem Nichts zu
winden.

§. 80.
Moraltheologiſcher Beweis.

Wenn gleich Herr Kant alle Verſuche
eines bloß ſpeculativen Gebrauchs der Vernunft in Anſehung der Theologie für gänzlich fruchtlos, und ihrer innern Beſchaffenheit nach für null, und nichtig hält; ſo iſt
er doch weit entfernt, die Grundfeſte der
Religion — den Glauben an Gott zu un-
tergraben. Dieſe Abſicht der kant. Kritik
andichten ſcheint mir die ungerechteſte Be-
ſchuldigung zu ſeyn, die man derſelben auf-
bürden kann. Vielmehr geht die Endabſicht
der Vernunftkritik, die auch dem Anders-
denkenden immer ein Meiſterſtück eines originellen Kopfes bleiben wird, dahin, dieſen
Glauben zu retten, und gegen alle Angriffe
der Atheiſten, Materialiſten, Skeptiker u.
ſ. w. ſicher zu ſtellen. Die Gründe dazu,
die ſeinen Grundſätzen zu Folge in dem Felde der ſpeculativen Vernunft nicht liegen
kön-

können, suchet er, und glaubt sie auch ge=
funden zu haben im Gebiethe der praktischen
Vernunft. * * Mir scheint, daß der Ideen=
gang des Hrn. Kants dieser sey.

Das Gesetz: „thue das, wodurch
du würdig wirst, glücklich zu seyn" ist
ein a priori durch reine Vernunft festgesetz=
tes, absolut nothwendiges, und allgemein
gültiges Gesetz — ein Gesetz, welches wir
ohne unsere Vernunft gänzlich aufzube=
ben nicht für ungültig erklären, und, ohne
in unsern eigenen Augen verabscheuungs=
würdig zu werden, nicht übertretten können.
— Ohne Hoffnung, ohne zuverläßige
Hoffnung, daß ein jeder nach Maßgabe
seiner Würdigkeit der Glückseligkeit wirk=
lich theilhaftig werde, gehen alle subjektive
Gründe zur Befolgung dieses Gesetzes gänz=
lich zu Grunde, und das Gesetz selbst ist
weiter nichts als ein leeres Hirngespinnst.
Gleichwie also das Gesetz, eben so, muß ei=
ne zuverläßige Hoffnung einer der Sittlich=
keit proportionirten Glückseligkeit vorhanden
seyn. Nun diese Hoffnung ist entweder in
der Natur der Dinge, als eine nothwendi=
ge Folge des moralischen Verhaltens ge=
gründet, oder in der Voraussetzung einer
höchsten Vernunft gesichert, die, indem
sie nach moralischen Gesetzen gebietet, zu=
gleich

gleich als Ursache der Natur die Glückseligkeit genau nach dem Verhältnisse der Würdigkeit austheilet. Jenes ist nicht; also dieses. Folglich hat die reine Vernunft über-
wiegende Gründe, Gottes Daseyn voraus-
zusetzen, wenn sie gleich keine hat, dasselbe
im strengsten Sinne zu beweisen — es bleibt
Vernunftglaube, und zwar nothwendiger
Vernunftglaube an Gott, wenn gleich Ueberzeugung von seinem Daseyn aus speculativen
Gründen wegfällt.

Es ist hier gar nicht die Frage, ob dieses Argument etwas tauge (wer könnte so
unbillig, oder unverschämt seyn, dieses zu
läugnen?) sondern die Frage ist: ob es bes-
ser, als die theorischen Beweise; ob es erhaben über alle Einwürfe, und Zweifel von
Bedeutung; ob es das einzig mögliche sey,
das gänzliche Beruhigung stiften könne,
und ob es dieselbe wirklich stifte? Ich meines Theiles muß mit Nein antworten.

Ich läugne nicht, daß der menschlichen
Vernunft ein Recht zukommen könne, oder
wirklich zukomme, auch dasjenige für wahr
zu halten, und sich dabey zu beruhigen, was
nach aller Strenge nicht bewiesen werden
kann; auch gebe ich zu, daß diejenige Ueber-
zugung, die sich auf subjektive Gründe,

oder

oder auf ein Bedürfniß der menschlichen
Vernunft gründet, vernünftig sey, und
einen unerschütterlichen Glauben bewirken
könne. Allein

1. Ist die Voraussetzung von Gottes Daseyn im Reiche der Sitten wichtiger,
und unentbehrlicher, als im Reiche
der Natur? Ist wohl hier Zweckmäßigkeit, Ordnung, und Harmo-
nie ohne eine höchste Intelligenz,
welche diese Vollkommenheiten be-
werkstelligte, erklärbarer, als dort
Glückseligkeit, die der Würdigkeit
entspricht, ohne höchste Vernunft,
die sie mittheilet? Und wird unsere
Vernunft nicht in eben dem Grade
angetrieben, eine außerweltliche Quelle der Ordnung, die in dieser Welt
herrscht, anzunehmen, als einen in-
telligibeln Ausspender der Glückseligkeit, die mit der Sittlichkeit im genausten Verhältniße steht, vorauszu-
setzen? Jenes gilt nach kant. Grundsätzen nicht; wie kann nun dieses
gelten? Soll wohl der Schluß,
den man in der Moraltheologie von
der Unordnung, und vom Streite in
der Menschennatur auf Gottes Daseyn machet, geringeren Zweifeln ausgesetzt

gesetzet seyn, als der, welcher in der
Physiko-theologie von der Schönheit, Ordnung, Zweckmäßigkeit dieses Universums auf das Daseyn eines höchst weisen, gütigen, und mächtigen Urhebers desselben gemacht
wird? — Mir scheint wenigstens das
Gegentheil, und ich glaube nicht,
mich wider die Gesetze der Schluß-
kunst zu versündigen, wenn ich nach
Kant. Principien, anstatt mich gezwungen zu finden, Gottes Daseyn vor-
auszusetzen, eiserne Naturnothwendigkeit, oder blindes Ohngefähr inferire.

2. Ist das Princip der Sittlichkeit, das
H. K. aufstellet, und worauf sich
sein ganzer Beweis gründet, objek-
tiv gültig, oder nicht? — Dieses
wird H. K. gewiß nicht zugeben; und
wie er jenes ohne sich selbst zu widersprechen behaupten könne, mag er
selbst sehen. * * *

3. Ist das allgemeine praktische Interesse,
das dem angeführten Beweise zu Folge den Grund der Hoffnung einer der
Sittlichkeit angemessenen Glückseligkeit ausmacht, für sich allein, unabhängig von allen theoretischen Erkennt-
niß-

nißgründen ein hinreichender Grund,
das Gehoffte mit Zuversicht zu erwarten, oder nur etwas Nichtwiderspre-
chendes vernunftmäßig zu hoffen,
oder nicht? In diesem Falle hebt
sich die Gültigkeit des Beweises von
selbst auf; für jenen Fall fordert
man Beweise, die um so viel stren-
ger seyn müssen, je mehr dieses neue
Criterium der Wahrheit dem Verstande nicht kritischer Philosophen
widerspricht. * * * — Eine Negatio
subpositi wäre allenfalls eine com-
pendiöse Entwickelung des Knoten!

Diesen Bedenklichkeiten ließen sich noch
leicht mehrere zusetzen; doch das Angeführte wird schon zureichen, zu zeigen, daß der
kant. Beweis noch bey weitem nicht über
jeden Einwurf und Zweifel von Bedeutung
erhaben, und von jener apodictischen Gewißheit, die ihm eigen seyn soll, noch eine
ziemliche Strecke entfernt sey.

Zu mehrerer Bestättigung des Gesagten sehe man, was der oft von mir angeführte G. E. Schulze Grundr. der phil.
Wissensch. II. B. §. XV., und H. J. Fr.
Flatt in seinen Briefen über den moral. Erkenntnißgrund der Religion noch ferners erinnern.   *Man

* Man sehe K. d. r. V. Kritik der Theologie aus speculativen Principien der Vernunft. S. 631 — 642.

** Hier muß nachgelesen werden K. d. r. V. des Kanons d. r. V. II. Absch. von dem Ideal des höchsten Guts. S. 804 — 820. Oder Joh. Schulze Erläuterung der K. d. r. V. 173 — 181.

*** Dieses Gesetz gründet sich auf Vernunftnothwendigkeit, und diese ist subjektiv. Nun überdenke man, was H. K. in der Kr. d. r. V. S. 168. II. Ausg. sagt: „Der Begriff z. B. der Ursache, welcher die Nothwendigkeit eines Erfolgs unter einer vorausgesetzten Bedingung aussagt, würde falsch seyn, wenn er nur auf einer beliebigen, uns eingepflanzten subjektiven Naturnothwendigkeit, gewisse empirische Vorstellungen nach einer Regel des Verhältnisses zu verbinden, beruhete. Ich würde nicht sagen können: die Wirkung ist mit der Ursache im Objekt (nothwendig) verbunden, sondern ich bin nur so eingerichtet, daß ich diese Vorstellung nicht anders, als so verknüpft denken kann; welches gerade das ist, was der Sceptiker am meisten wünscht; denn sodann ist alle unsere Einsicht, durch vermeinte objektive Gültigkeit unserer Urtheile, nichts als lauter Schein, und es würde auch an Leuten nicht fehlen, die diese subjektive Nothwendigkeit (die gefühlt werden muß) von sich nicht gestehen würden: zum wenigsten könnte man mit Niemanden über dasjenige hadern, was bloß auf der Art beruht, wie sein Subjekt organisirt ist. Man überlege diese Stelle, und ziehe die Parallele.

Eben

Eben ſo paradox ſcheint es mir, wenn es in der
Kr. d. r. V. heißt: daß das moraliſche Geſetz kraft-
los, und ohne Triebfedern ſeyn würde, wenn man
nicht eine der Sittlichkeit angemeſſene Glückſeligkeit
zuverſichtlich hoffen dürfte; und in der Kr. d. pr.
V., daß die Vorſtellung des moraliſchen Geſetzes
ſelbſt die einzige ächte Triebfeder zur Befolgung
deſſelben, und daß es bedenklich ſey, auch nur neben dem moraliſchen Geſetze noch eine andere
Triebfeder (als die des Vortheils) mitwirken zu
laſſen.

**** Einen drolligten Gedanken äußert hier der unge-
nannte Verf. der Kritik der ſchönen Vernunft.
So was läßt ſich nur im Originale leſen. S. 47. ff.

§. 81.
Anhang.

Ohne die mir ausgeſteckten Gränzen
zu überſchreiten, darf ich mich in keine Auflöſung neuer Fragen hier mehr einlaſſen.
Eine, und die andere Worterklärung ſcheint
allenfalls nicht am unrechten Orte zu ſeyn.

Theologie iſt nach Herrn Kant die
Erkenntniß des Urweſens. Sie iſt entweder
aus bloßer Vernunft (Theol. rationalis)
oder aus Offenbarung (reuelata). Die
erſtere denkt ſich nun ihren Gegenſtand entweder bloß durch reine Vernunft, vermit-

Stöger, Metaph.   N   telſt

telst lauter transcendentaler Begriffe, und heißt die transcendentale Theologie, oder durch einen Begriff, den sie aus der Natur (unserer Seele) entlehnt, als die höchste Intelligenz, und müßte die natürliche Theologie heißen. Der, so allein eine transscendentale Theologie einräumt, wird Deist, der, so auch eine natürliche Theologie annimmt, Theist genannt.

Ein Lehrbegriff, in welchem das Daseyn eines Urwesens dogmatisch geleugnet, und das Nichtseyn desselben erwiesen werden soll, heißt Atheismus. In wie ferne der Atheismus dazu angewendet wird, um die Verbindlichkeit zur Tugend zu vernichten, in so ferne heißt er Freygeisterey.

Anthropomorphismus heißt derjenige Irrthum, vermöge wessen man Gott menschliche Eigenschaften beylegt. Er heißt bald gröberer, bald feinerer A. Der Pantheismus macht die gesammte Natur — das All der Dinge zu Gott. Da diese schon lange vergessene Lehre Spinoza wieder auflebend machte, so wird sie auch nach seinem Namen Spinozismus genannt. Alles ist Eins, und Eins ist Alles.

Zwey-

Zweytes Hauptſtück.

Somatologie.

---

§. 82.

Inhalt dieſes Hauptſtückes.

Wenn wir zuſammenrechnen, was durch unſere bisherigen Betrachtungen ſowohl über die Natur des Dinges überhaupt, als über die einfachen Subſtanzen ins Beſondere in Bezug auf die gegenwärtige Materie iſt ausgemacht worden, ſo finden wir, daß dem Zuſammengeſetzten zwar einfache Beſtandtheile zum Grunde liegen; daß wir aber die Grundkräfte derſelben, und ihr innerſtes Weſen durchaus nicht kennen.

Dieſer Gedanke führet auf die Frage: wie weit ſich unſere Erkenntniß von dem Zuſammengeſetzten erſtrecken möge, und was wir eigentlich davon wiſſen. Die Beantwortung dieſer Frage iſt der Inhalt des gegenwärtigen Hauptſtückes.

Mit dem Zuſammengeſetzten hat es zwar auch die Mathematik, und Phyſik zu thun: allein die Art und Weiſe, nach welcher der

     vorlie

vorliegende Gegenstand behandelt wird, ist nach Verschiedenheit der Wissenschaften ganz verschieden. Während daß der Mathematiker sein ganzes Augenmerk auf die Ausdehnung; der Physiker auf die Erscheinungen in der Körperwelt, und ihre Ursachen richtet: spüret der Metaphysiker der innern Natur dieser Dinge nach, und untersuchet, was in unserm Erkennen nur Schein, und was objective Wahrheit ist.

Sollte diese Untersuchung zu Nichts weiter dienen, als uns mit den engen Gränzen unserer Erkenntnisse etwas näher bekannt zu machen: so wäre dieses allein schon kein unbedeutender Vortheil. Unsere Urtheile von selbst eigenen, und fremden Kenntnissen würden dadurch an Richtigkeit gewinnen, und wir selbst würden von einer Seite bescheidener; von der andern minder ausgesetzt der Betäubung seyn.

§. 83.
Was sind Körper?

Die zusammengesetzten Dinge in der Welt, von welchen wir vermittelst unserer Sinne Begriffe erlangen, heißen Körper. Was nun von zusammengesetzten Dingen gilt, muß auch von Körpern gelten. Das Gemeinschaftliche, was sie vermöge des ersten An-

blickes

blickes alle an sich haben, und wonach wir
unsern Begriff bestimmen müssen, ist Materie, und Form. Jenes drucket den Inbegriff der Theile, woraus sie bestehen;
dieses die Art der Verbindung derselben aus.

So wenig wir nun die innere Natur
jener einfachen Elemente, aus denen das
Zusammengesetzte bestehet, und ihre eigentlichen Grundkräfte zu erkennen im Stande
sind; eben so wenig vermögen wir von dem
Grundwesen der Körper zu wissen. Unsere
Sinne machen uns nur mit den subjectiven
Eigenschaften derselben bekannt; und es ist
gewiß, daß uns dieselben, wenn wir mit
andern sinnlichen Werkzeugen ausgerüstet
wären, ganz anders erscheinen würden.
Selbst die Auflösungen, die wir mit den
Körpern vorzunehmen im Stande sind — so
gering sie immer scheinen mögen, liefern
überzeugende Beweise, daß die Beschaffenheiten, die den Körpern zukommen, nicht
immer ihren einfachen Bestandtheilen auch
zukommen, sondern daß die Körper selbst
ganz was anders werden, als sie vorher
waren, wenn die Art der Verbindung ihrer
Theile geändert wird.

Hieraus kann man zwar keineswegs
die Folge ziehen, daß die Körper nur bloße
Ideen seyn, oder daß die gesammte Körperwelt

perwelt nur als Vorstellung in denkenden Wesen existire. Allein daß die Körper Phö-nomena seyn, zwar außer unserm Kopfe wirklich vorhanden, aber uns nur nach einem sehr vermengten Scheine bekannt, der uns die Grundbeschaffenheiten verbirgt — Phoenomena substantiata — läßt sich mit allem Grunde behaupten. Und daraus wird auch noch dieses folgen, daß wir sehr unrecht thun, wenn wir die Beschaffenheiten dieser Erscheinungen überall auf die Grundbeschaf-fenheiten der einfachen Dinge, die ihnen zum Grunde liegen, auszudehnen unterneh-men. Vergl. oben §. 58.

* Ueber die Eintheilung der körperlichen Beschaffenhei-ten in qualitates primarias, et secundarias sehe man Hrn. Feder über R. und E. §. 18.

Anmerk. Hieraus sieht man, wie weit ich es mit Hrn. Kant hatte. Wenn er sagt: *) „Ich gestehe aller-dings, daß es außer uns Körper gebe, d. i. Dinge, die, ob zwar nach dem, was sie an sich selbst seyn mögen, uns gänzlich unbekannt, wir durch die Vor-stellungen kennen, welche ihr Einfluß auf die Sinn-lichkeit uns verschafft, und denen wir die Benennung eines Körpers geben; welches Wort bloß die Erschei-nung jenes uns unbekannten, aber nichts desto we-niger wirklichen Gegenstandes bedeutet:" so bin ich allerdings mit verstanden. Aber wenn es kurz vorher lautet: „Alle Körper müssen mit sammt dem

Raume

Raume, darin sie sich befinden, für nichts, als bloße Vorstellungen in uns gehalten werden, und exiſtiren, nirgend anders, als bloß in unſern Gedanken, ſo ſind mir die Ausdrücke zu ſtark, und ich zweifle ſehr, ob zwiſchen dieſer, und jenes Behauptung Einförmigkeit herrſche.

* Proleg. S. 63.

§. 84.
Lehrsätze.

● I. Die Beſchaffenheit der Theile, woraus ein Körper beſteht, und die beſtimmte Art ihrer Verknüpfung machen ſein Weſen aus. Das Weſen des Dinges nennet man das, wodurch es zu dem gemacht wird, was es iſt (§. 20.). Nun die Beſchaffenheit der Theile, woraus ein Körper beſteht, und die beſtimmte Art ihrer Verbindung macht, daß ein Körper der, und kein anderer iſt; alſo ꝛc. Hieraus folgt

1. Daß das reále Weſen der Körper nur derjenige kenne, der die Grundbeſchaffenheiten ihrer Beſtandtheile, und die Art ihrer Verbindung überſieht.

2. Daß das Weſen eines jeden Körpers ganz individuell ſey. Kein Theil läßt ſich wegnehmen, keiner hinzuthun,

thun, ohne daß der Körper aufhört
zu seyn, was er war.

3. Daß jede Veränderung, die ein Körper
leidet, immer durch die Bewegung
geschehe. Entweder müssen neue
Theile hinzugesetzt; oder die Lage der
vorigen verändert, oder einige derselben weggenommen werden. Ein
jeder dieser Fälle setzt Bewegung
voraus.

4. Daß es mit den Unterschieden körper-
licher, und einfacher Dinge eine
ganz verschiedene Beschaffenheit habe.

II. Nur die einfachen Bestandtheile
der Körper sind im eigentlichen Verstande Substanzen. Denn die Art ihrer
Verbindung, und die daraus entspringen-
den Eigenschaften gehören insgesammt unter
die Accidenzien. Sie heißen also mit allem
Rechte Adgregata substantiarum.

III. Weder der Ursprung zusammengesetzter Dinge fordert Schöpfung,
noch ihr Untergang Vernichtung. Dieses erhellet aus dem Begriffe ihres Wesens,
den wir festsetzten.

IV.

IV. Daher hat bey denselben Verwandlung Platz. Eine andere Verbindung der Theile giebt einen andern Körper — Corruptio vnius est generatio alterius. Hieraus läßt sich wider die Wesennothwendigkeit §. 22. kein Schluß machen.

* Wenn ich gleich mit Gewißheit behaupte, daß alle Veränderungen der Körper durch die Bewegung geschehen; so bekenne ich doch allerdings, daß, so lange uns das Wesen der Elemente unbekañt bleibt, wir nicht im Stande sind zu erklären, durch welche Bestimmungen derselben die aus der Erfahrung bekannten Bewegungen entstehen. Diese Bewegung der Körper ist also gleichfalls ein Phönomenon. Aber ein Phönomenon von der Art derjenigen, die für uns Realität sind, und deren Gewißheit keine Sophismen der Schule umzustoßen, oder nur wankend zu machen jemahls vermögen. S. Bayle Dict. *Zenon.* Rem. K.

§. 85.

Von den Kräften der Körper.

In wie ferne die Körper Aggregate von Substanzen sind (vorherg. §.); in so ferne ist nothwendig, daß sie eine Kraft haben. Aber was für eine Kraft? — Der Physiker nennet sie die Kraft der Bewegung (vim motricem), welche sich nach Verschiedenheit

heit der Abstände bald durch Anziehen, bald durch Zurückstossen äußert.* Er, der mit den allgemeinsten Erfahrungen seine Erklärungen anfängt, und endiget, mag sich mit dieser Antwort begnügen. Allein der Metaphysiker, der in das Wesen der Dinge einzudringen bemüht ist, ruhet hier noch nicht. Was ist sie, so frägt er — diese Kraft der Bewegung? Kömmt sie aller Materie nothwendig zu? Auf was für Grundbestimmungen gründet sie sich u. s. w. — Man sieht aus den vorhergehenden Bemerkungen, daß eine zuverläßige Beantwortung dieser Fragen dermalen nicht möglich, und daß die Kraft der Bewegung, die wir aus Erfahrung kennen, ein Phänomenon ist, dessen Natur wir deutlich zu erklären nicht im Stande sind.

* Es liegt außer den Gränzen der Methaphysik, die Fragen zu untersuchen, ob die Eintheilung der Kraft der Bewegung in anziehende, und zurückstossende richtig sey? Ob außer der besagten Kraft den Körpern auch die Kraft der Trägheit zukomme? Ob sie eine von der Kraft der Bewegnug verschiedene Kraft sey u. s. f. Man kann hierüber des sel. P. Becks Kosmologie nachsehen. Ich meines Theils überlasse dergleichen Untersuchungen der Physik.

Drit

Dritter Theil.

Kosmologie.

§. 86.
Plan.

Kosmologie, etymologisch genommen, heißt soviel als Wissenschaft — Lehre von der Welt. Sie unterscheidet sich von der Physik, daß, indem sich diese mit einer bestimmten Art der zur Welt gehörigen Wesen — mit Körpern beschäftiget, jene das Ganze — das Aggregat aller zur Welt gehörigen Dinge umfasset. Ihr Gegenstand ist also das Universum. Ja sie schränket sich nicht einmal auf die bloße Betrachtung der Dinge dieser Welt ein; sondern sie zieht von der gegenwärtigen vorhandenen Welt gewisse allgemeine Eigenschaften ab, trägt sie über auf jede andere mögliche Welt, und erschwingt sich auf diese Weise zu dem allgemeinen Begriffe von Welt überhaupt. Und in so ferne ist die Kosmologie ein würdiger Theil der Metaphysik.

Um

Um einen vorläufigen Begriff jener Gegenstände zu geben, mit deren Betrachtung wir uns hier zu beschäftigen haben, merke ich folgendes an.

I. Weltbegriff — in seiner Allgemeinheit genommen; abgezogen von dieser einzelnen Welt.
II. Welturſprung.
III. Weltzuſammenhang.
IV. Weltbegebenheiten.
V. Weltgeſetze.
VI. Anderer Welten Möglichkeit.
VII. Dieſer gegenwärtigen Welt Vollkommenheit — Optimismus.

§. 87.

Geneſis unſers allgemeinen Begriffs von einer Welt.

Der Nahme Welt iſt vieldeutig. Etwas anders bezeichnet er in der bibliſchen, etwas anders in der gemeinen Sprache; einen andern Sinn legt ihm der Dichter, und wieder einen andern der Philoſoph bey. Dieſem bedeutet die Welt das All der wirklichen Dinge außer Gott.

Aus dieſem Begriffe nun haben wir denjenigen zu bilden, der nicht nur dieſer Welt, zu deren Bewohnern wir gehören, sondern

sondern jeder möglichen Welt anpaßt — den transscendentalen Weltbegriff.

Um diesen Begriff so bestimmt zu machen, als nur immer möglich ist, haben wir zwey Stücke genau zu beobachten: erstens daß wir keine nothwendige Bestimmung unbemerkt vorbey lassen; und daß wir keine unnöthige setzen. Denn im ersten Falle würde unser Begriff zu weit; im zweyten zu enge, und folglich ein und das andere Mal fehlerhaft werden.

Nothwendig scheinen als Grundbestimmungen in dem Begriffe einer Welt folgende Stücke: daß eine Welt ein Ganzes, und zwar ein Zusammengesetztes, ein Aggregat unter sich verbundener Dinge; daß es ein Ganzes für sich, nicht ein Theil eines andern Ganzen; daß es ein Ganzes von lauter endlichen Dingen sey. Hieraus fließt die Erklärung, daß eine Welt eine Menge miteinander verbundener endlicher Dinge, welche nicht zu einem andern Ganzen gehört: oder kürzer, ein System endlicher Dinge ist, so nicht ein Theil eines andern.

§. 88.

§. 88.

Welturfprung.

In wie ferne die mannigfaltigen Versuche den Ursprung der Welt, d. i. den
Uebergang der endlichen Dinge, deren Inbegriff die Welt ausmachet, aus dem Nichtseyn ins Daseyn zu erklären, Dokumente
zur Geschichte des menschlichen Verstandes,
und seiner Meinungen über transscendentale
Gegenstände ausmachen, in so ferne verdienen sie, auch hier erwähnt zu werden.

Es kömmt bey dieser Erklärung vorzüglich darauf an, welche Verknüpfung der
Dinge in der Sinnenwelt man für brauchbar hält, um darnach die Verbindung, in
welcher Gott, und Welt miteinander stehen
sollen, näher zu bestimmen. Im Allgemeinen lassen sich folgende Bestimmungen der
Weltentstehung denken.

Alles zur Welt gehörige Wirkliche,
und Wahre ist entweder in dem Wesen
Gottes von Ewigkeit her schon enthalten
gewesen, und aus demselben zu einer bestimmten Zeit nur ausgeströmt (Gott ist die
Quelle alles Vorhandenen); oder in der
von Ewigkeit her existirenden Materie lagen
schon der Stoff, und die Eigenschaften aller

zur

zur wirklichen Welt gehörigen Dinge, und
Gott hat dieſen Stoff nur in Ordnung zu
bringen gebraucht (Gott iſt Weltbaumeiſter); oder Gott hat endlich durch ſein all-
mächtiges Wollen den Stoff der Welt, der
von ſeinem Weſen ganz verſchieden iſt, und
die Verbindung deſſelben zu einem wohlgeordneten Ganzen hervorgebracht (Gott iſt
Schöpfer der Welt).

Die erſte Vorſtellungsart von der Entſtehung der Welt ſcheint dem Kindesalter
der menſchlichen Vernunft, in welchem Zeit-
raume alles Hyperphyſiſche zu verſinnlichen,
und jeden allgemeinen Begriff durch Bilder
der Phantaſie anſchaulich zu machen ihre
Natur mit ſich brachte, am angemeſſenſten.
Nachdem nämlich die Vernunft das dunkle
Gefühl der Abhängigkeit des Bedingten in
den deutlichen Satz: aus Nichts wird Nichts,
aufgelöſet, und denſelben auf die Entſtehung
der Welt angewendet hatte, ſo war zur
Verſinnlichung dieſer Entſtehung kein Bild
paſſender, als das Bild einer Quelle,
durch deren Ausflüſſe dasjenige nur ſichtbar
wird, was in dem Innern derſelben ſchon
vorhanden war; oder das Bild eines
leuchtenden Körpers, aus welchem die
Lichtmaterie ausſtrömt. Dieſe Vorſtel-
ungsart, welche der verſchiedenſten Ver-
 zierungen

zierungen mittelſt der Phantaſie fähig iſt,
ſcheint ſich ihren Anhängern auf eine
doppelte Weiſe zu empfehlen: durch ſeine
ſinnliche Klarheit, und durch ein gewiſſes
philoſophiſches Anſehen, indem ſie dem Sa‐
ße: aus Nichts wird Nichts, eine ſehr faßli‐
che, und ungekünſtelte Auslegung giebt. Da‐
her hat ſie nicht nur frühe unter den Mor‐
genländern ihr Glück gemacht, ſondern ſie
erhielt ſich auch durch viele Jahrhunderte,
beſonders unter den Gnoſtikern, Kabbali‐
ſten, Myſtikern, und Theoſophen aller Art:
und vielleicht brütet man noch heut zu Tage
über dieſe Idee in mancher geheimen Geſell‐
ſchaft. Selbſt den Philoſophen Griechen‐
lands, vorzüglich dem Plato, und den
Stoikern war ein gewiſſes Emanationsſy‐
ſtem eigen, das ſich von jenem der Orien‐
taler nur durch Nebenzüge, und minder
ſinnliche Ausſchmückungen unterſcheidet.*

Die zweite Vorſtellungsart von Ent‐
ſtehung der Welt, nach welcher Gott nur
Weltbaumeiſter, iſt vorzüglich dem Anaxa‐
goras und Ariſtoteles eigen. Erſterer nahm
an, daß in den Urſtoffen der ewigen Ma‐
terie eine große Verſchiedenheit vorhanden
geweſen, und daß die Kräfte, und die Be‐
ſchaffenheiten, die in den verſchiedenen Thei‐
len der Welt vorkommen, von den beſondern
Kräf‐

Kräften, und Beſchaffenheiten der Theilchen herrühren, aus welchen ſie beſtehen.
Die Gottheit hat nach ihm dieſe Theilchen
gewiſſen Abſichten gemäß zuſammengefügt,
geordnet, und auf dieſe Weiſe aus denſelben
die Welt erbauet.   Dem Ariſtoteles zu
Folge**, der ſchon ſo oft des Atheismus
beſchuldiget worden, hat das ſelbſtſtändige
Weſen → die Gottheit der Materie, die
nach ihm ebenfalls ewig, und unerſchaffen
iſt, die Bewegung anfänglich mitgetheilet,
und eben dieſes Weſen erhält die Welt, indem es fortfährt, die Bewegung in derſelben
unmittelbar hervorzubringen.

Die Lehre von der Schöpfung der
Welt aus Nichts verdankt den Schriften des alten, und neuen Teſtaments
ihren Urſprung.***   Dieſes Nichts, aus
dem alles durch die Kraft der Gottheit gemacht ſeyn ſoll, zeigt aber weder etwas Unmögliches, noch auch etwas Wirkliches an,
ſondern eine bloße Verneinung der Exiſtenz;
und Gott hat die Welt erſchaffen, heißt in
den Syſtemen der chriſtlichen Philoſophen:
Gott hat ſowohl verurſachet, daß der Stoff
der Welt zu ſeyn anfieng, als auch daß
derſelbe zu einem wohlgeordneten Ganzen
verbunden wurde.

Stöger, Metaph.   O   Unter

Unter dieſen verſchiedenen Meinungen
kann die erſte, mit der keine vernünftige
Vorſtellung von der Natur Gottes vereinbar
iſt, nur ſo lange für die menſchliche Vernunft einigen Reitz haben, als dieſelbe aus
Unfähigkeit abſtracte Begriffe zu denken ge-
nöthiget iſt, jedes ihrer Principien, und
jeden ihrer Begriffe durch Bilder ſich faßlich
zu machen. Die zweyte Meinung von einem
bereits vorhandenen Urſtoffe, den Gott bey
Entſtehung der Welt entweder geformt, oder
mit Bewegung verſehen haben ſoll, ſtößt
allenthalben an Ungereimtheiten, und unauf-
löslliche Schwierigkeiten. Dieſer Urſtoff wäre
entweder zufällig, und nun wie kann er
ewig; oder er wäre nothwendig, und in
dieſem Falle wie kann er einer Umformung
fähig ſeyn? Ferners ein ewiger Stoff ohne
alle Form, Eigenſchaft, und Beſtimmung
iſt ein Unding; verſehen mit dieſen Requiſi-
ten — war eine Welt vor der Welt u. d. gl.
Die dritte Meinung von Schöpfung der
Welt iſt nicht den Vollkommenheiten ihres
Urhebers die angemeſſenſte, ſondern empfiehlt
ſich auch vor jeder andern durch das Ueberge-
wicht der Gründe, die für ſie ſtreiten. ****

* Man ſehe die Belege zu dem Geſagten in H. Schulze
    Kosmologie. S. 352. ff.

** E. Plattners phil. Aphor. §. 1074.

••• S. Moßheim Diſſ. de creat. ex nihilo v. Cudworth
S. I. p. 957.

••• S. Reimarus Abh. von den vornehmſten Wahrheiten der nat. Religion III. Abh. 7. Abſchn.

Anmerk. Ich habe hier nichts geſagt von den Syſtemen,
oder vielmehr Hypotheſen der Atheiſten, weil ſich
in einem andern Orte eine bequemere Gelegenheit
darbiethen wird, davon Meldung zu machen. Von
Demokrits und Epikurs wunderlichem Einfalle
die Welt aus einem zufälligen Zuſammenfluße ewiger, unzählbarer Atomen entſtehen zu laſſen, werde
ich im Kollegio handeln. Man leſe Cicero de fin.
L. I. c. 16. Statt aller Widerlegung kann folgende
Stelle aus eben dieſem Cicero de nat. Deor. L. 2.
s. 37. gelten. „Hic ego non mirer eſſe quemquam,
qui ſibi perſuadeat, corpora quadam ſolida, atque
indiuidua vi, et grauitate ferri, mundumque effici
ornatiſſimum et pulcherrimum ex eorum corporum
concurſione fortuita? Hoc qui exiſtimat, fieri potuiſſe, non intelligo, cur non idem putet, ſi unius,
et viginti formae literarum, vel aureae, vel quales
libet, aliquo conjiciantur, poſſe ex his in terram
excuſſis annales Ennii, vt deinceps legi poſſint, effici: quod neſcio an in vno quidem verſu poſſit tantum valere fortuna. Iſti autem quemadmodum aſſe-
uerant, ex corpuſculis non colore, non qualitate
aliqua, quam ΠΟΙΟΤΗΤΑ Graeci vocant, non
ſenſu praeditis, ſed concurrentibus temere, atque
caſu, mundum eſſe perfectum? vel innumerabiles
potius in vno puncto temporis alios naſci, alios in-

terire? Quodſi mundum efficere poteſt concurſus
atomorum, cur porticum, cur templum, cur domum,
cur vrbem non poteſt? quae ſunt minus operoſa,
et multo qnidem faciliora.

§. 89.
Weltzuſammenhang.

Es läßt ſich ein zweyfacher Zuſammenhang der Dinge unterſcheiden — der Zeit
und dem Raume nach. Jener hat bey ſucceſſiven, dieſer bey ſimultanen Dingen Platz:
dort wird er durch wirkende, hier durch
Endurſachen bewerkſtelliget.

Alle Dinge dieſer Welt, ſie ſeyen ſuc-
ceſſiv oder ſimultan, ſtehen auf eine, oder
die andere Art miteinander in Verbindung;
(dieſes beſtätigen alle unſere Erfahrungen*)
und dieſe allgemeine Verbindung iſt es,
was man Weltzuſammenhang (nexus cos-
micus) nennet.

Ohne augenſcheinliche, unzweifelbare
Facta ſehr zweifelbaren Hypotheſen aufzu-
opfern, läßt ſich dieſer Zuſammenhang nicht
leugnen. Allein wie weit reicht er? Iſt der
Knotten, der die Dinge dieſer Welt zuſammen hält, ſo enge geknüpft, daß eine jedwede
Veränderung irgend eines Theiles eine Veränderung

änderung eines jeden andern Theiles des Univerſums nach ſich ziehe; daß, wenn nur irgend eine Begebenheit, ein einzelner Zuſtand anders ſeyn würde, als er iſt, auch darum eine gänzliche Veränderung, und Umſtimmung in dem Ganzen erfolgte; kurz daß alles, was iſt, ſeyn müſſe; nichts, was nicht iſt, ſeyn könne?** Dieſe Behauptung, wenn ſie gleich einer gewiſſen Schule ganz eigen zu ſeyn ſcheint, iſt nach meinem Urtheile überſpannt. Weder durch Erfahrungen, noch durch hinlängliche Vernunftgründe läßt ſie ſich rechtfertigen. Die Erfahrung lehrt, daß die Wirkung einer jeden Veränderung mit der Entfernung abnehme, und endlich ganz verſchwinde; und den Gründen der Vernunft iſt es zuwider, wenn man alles Abſolute den Dingen dieſer Welt abſpricht.

Ich gebe zu, daß die Folgen der Dinge ſich oft bis auf eine unüberſehbare Weite hinein erſtrecken, viel weiter, als vom Anfange ein menſchlicher Verſtand ſie zu verfolgen im Stande geweſen: *** ich bin überzeuget, daß nichts ohne allem Grunde — vom Ohngefähr, aus bloßem Zufalle geſchehe: allein daß darum alles durch eine eiſerne Nothwendigkeit beſtimmt ſeyn müſſe, ſo daß keine Veränderung, die geſchieht,

unter

unterbleiben; keine, die nicht geſchieht, ge‐
ſchehen könne, oder daß der Lauf aller Ge‐
ſtirne gehemmt werden müßte, wenn ich mich
jetzt in dem Augenblicke, wo ich ruhig ſitze,
bewegen würde: dieſes alles bleibt für mich
unglaublich. Verhängniß hört nicht auf,
Unſinn zu ſeyn, weil es blinder Zufall iſt. ****

* Schön ſagt uns dieß Pope:

„Hic nihil eſt exul: nihil eſt a mole reſectum.
Omnes ad totum referuntur in ordine partes.
Spiritus intus agens, ſapiente per omnia ſenſu
Ac virtute means, rerum moderator, et altor
Res quaſcumque manu geſtans quaſi vincula ſecum
Coniungit, copulat, ſociat, ligat, implicat, vnit,
Maxima cum minimis, cum ſummis glutinat ima,
Eſt homini brutum nunc vtile, nunc homo brutis
Inſeruit. Quidquid ſeruit, ſeruitur et ipſum.
Nil extat ſolum: rerum infinita catena
Continuat ſeriem. “ *Ep. III.*

** Man ſehe Alexander von Joch Abh. über Beloh‐
nung, und Strafen nach türkiſchen Geſetzen. Bay‐
reuth, und Leipzig zweyte Auflage 1772. S. 12. ff.

*** S. Bonnet Betr. über die Natur I. B. I. Th.
VII. Hauptſt. Allgemeine Verbindung, und Ueber‐
einſtimmung in dem Weltgebäude.

**** Ueber Verhängniß, und die verſchiedenen Arten
deſſelben, von denen man ſpricht, beym mündli‐
chen Vortrage.

§. 90.

§. 90.

Weltbegebenheiten.

Wenn gleich alles, was geschieht, in einer vorhergegangenen Ursache gegründet ist; so ist doch dadurch noch lange nicht ausgemacht, daß diese Ursache allemal in den zur Welt gehörigen Dingen enthalten seyn müsse. Man darf also mit allem Rechte die Weltbegebenheiten in 2 Classen eintheilen. Zur ersten Classe gehören jene, welche aus den Kräften endlicher Dinge entweder einzeln für sich, oder im Zusammenhange genommen erfolgen: zur zweyten jene, welche überall keine endliche Kraft vermag.* Die ersteren nennet man natürliche;** die zweyten übernatürliche Begebenheiten.

Weil dergleichen Begebenheiten die Kräfte aller endlichen Wesen übersteigen müssen, so folgt, daß sie keine andere, als unmittelbare Wirkungen der unendlichen Substanz seyn können. Allein auch hier ist noch gedenkbar, daß sie sich entweder nach einer festgesetzten Ordnung, zu Folge eines ewigen, unumstößlichen Gesetzes ereignen; oder ohne eine solche Ordnung, ohne ein dergleichen Gesetz. Dieser Umstand wird der Wirkung den Charakter des Außerordentlichen — des Ungewöhnlichen aufdrücken.

cken. Und so eine Wirkung, die übernatürlich, und außerordentlich ist, nenne ich Wunder (miraculum).

Nun fragt es sich: Sind dergleichen Wirkungen möglich? Sind sie auch wirklich? Ist ihre Wirklichkeit erweisbar? — Was die Wirklichkeit der Wunder betrifft, so ist dieses eine Frage, welche Thatsachen, die sich nimmermehr aus Begriffen entwickeln lassen, betrifft, und liegt folglich außer der Sphäre der Metaphysik. Eben dieses dispensirt mich auf die dritte Frage zu antworten.*** Auf die erste Frage antworte ich: Ja, Wunder sind an und für sich möglich. Hier ist der Beweis. „Alles, was zur Welt gehört, also auch die Ereignisse, und Begebenheiten in der Welt behalten doch immer die Natur des Zufälligen, und Endlichen. Was in seiner Natur zufällig ist, dessen Gegentheil muß doch auch an sich möglich seyn. Das Übernatürliche ist dem Natürlichen entgegengesetzt; und darum muß es überhaupt wohl möglich seyn." Da es in diesen Beweis keinen Einfluß hat, ob ein dergleichen Ereigniß nach einer durchgängig gleichen Ordnung, und nach einförmigen, beständigen Gesetzen sich zutrage, oder nicht: so sind auch solche übernatürliche Ereignisse, die den Character des Außerordentlichen mit

sich

ſich führen, d. h. ſo ſind an und für ſich
Wunder möglich. ****

Aber wenn ein Wunder an, und für
ſich betrachtet möglich iſt: iſt es darum auch
beziehungsweiſe genommen möglich? Wird
nicht gar zu oft hypothetiſch unmöglich, was
abſolut möglich iſt? Ich muß geſtehen:
ja. Allein welche ſind jene Beziehungen,
wodurch der Wunder Möglichkeit ſoll aufgehoben werden? Man muß ſie angeben —
dieſe Beziehungen; und nicht nur angeben,
ſondern auch beweiſen, daß ſie, weil ſie
nicht weg ſeyn können, unmöglich machen,
was an und für ſich betrachtet möglich wäre.
Die Nothwendigkeit der phyſiſchen Geſetze,
die engſte Verkettung aller Weſen, uud
Begebenheiten dieſer Welt, die unendliche
Weisheit des Schöpfers, die Unveränderlichkeit ſeiner ewigen Rathſchlüſſe, und was
man noch auf die Bahn zu bringen pflegt,
ſcheinen jene Kraft nicht zu haben, die erfor-
dert würde, jene Laſt zu tragen, die man
ihnen auflegt.

* Zur mehreren Verſtändlichkeit werden hier die Worte
Natur, Geſetz der Natur, Ordnung, Lauf der
Natur entwickelt.

** Das Wort natürlich wird oft in der Bedeutung genommen, daß es ſoviel heißt, als was nach dem
bekann-

bekannten Laufe der Natur erfolgt — gewöhn-
lich, und also begreiflich ist. In diesem Sinne
steht dem Natürlichen das Außerordentliche entgegen, was von dem bekannten Laufe der Natur ab-
weicht. Dieses nenne ich Wunderbar.

*** Hierüber sind Hume's Zweifel in Verf. von den
Wunderwerken (S. vermischte Schriften Th. II.
W. 10.) merkwürdig. Ein hieher gehöriger Aufsatz
findet sich auch im teutschen Merkur. August 1787.
V. St.

**** Man müßte, sagt Rousseau — in diesem Punkte
gewiß kein verdächtiger Schriftsteller, ein Hebräer
seyn, um fragen zu können, ob Gott in der Wü-
ste einen Tisch decken könne.

Anmerk. Es war von jeher Mode, wider die Möglichkeit der Wunder jene Philosophie zu Hilfe zu rufen,
die entweder wirklich herrschend war, oder doch für
herrschend gehalten wurde. Diesem wohl hergebrach-
ten Gebrauche zu Folge zieht auch ein neuer Author
mit einem fürchterlichen Stück Arbeit, betitelt:
Euclides anti — thaumaturgicus, oder demonstrati-
ver Beweis von der Unmöglichkeit hyperphysischer
Begebenheiten rc. Germanien 1791 wider die
Möglichkeit der Wunder zu Felde, ausgerüstet mit
kantischen Waffen, und Verheerung und Einsturz
überall drohend. Man höre den Kraftmann: „Jedes Wunder, das für uns wahrnehmbar seyn soll,
muß im Raume, und Zeit geschehen. (Eine wichtige
Entdeckung!). Jede einzelne Handlung, die im R.
und Z. geschieht, ist etwas Endliches. (Noch wichtiger

ger!!) Jede endliche Wirkung muß von einer ihr proportionirten, also endlichen Ursache (so zu schließen kann man nur in allgemeiner, und transscendentaler Logik lernen) abgeleitet werden. Jede einzelne Begebenheit, die ein Wunder seyn soll, ist also Wirkung einer endlichen Ursache." (Apodictisch erwiesen).

Noch weiters: „Was in Z. und R. wahrnehmbar ist, ist in so ferne eine Erscheinung; also, ist jedes für uns annehmbare Wunder eine Erscheinung. Jeder Erscheinung einer Regel geht eine andere vorher, welche der folgenden Ursache ist (z. B. Tag von Nacht?) also geht auch der Wundererscheinung A eine andere Erscheinung vorher, wodurch die folgende möglich wird. Also hat A eine Erscheinung in der Sinnenwelt, nicht ein bloß intelligibles Ding zur Ursache." (Welch ein Wortkram, und wie viel Unsinn zugleich!) Quodcumque ostendis mihi sic, Incredulus odi, würde ein kritischer Philosoph zu einem Popularphilosophen sagen.

§. 91.

Weltgesetze.

Ich verstehe unter dem Nahmen: Weltgesetze jene allgemeine Regeln und Vorschriften, denen alle endliche Dinge, in so ferne sie endlich sind, unterworfen sind. Unsere Erkenntniß ist viel zu eingeschränkt, und wird, da für uns das Sachwesen der

Dinge

Dinge ein undurchdringliches Geheimniß iſt, immer zu eingeſchränkt bleiben, als daß wir ſie alle genau anzugeben, oder ſtrenge zu beweiſen je im Stande ſeyn ſollten. Man erwarte alſo hier nicht mehr, als eine kurze Anzeige der merkwürdigſten unter den bekannten. Dieſe ſind

I. Das Geſetz der Stetigkeit (lex continui.)

Der weſentliche Gehalt dieſes Geſetzes, das ſchon den erſten Philoſophen Griechenlands* bekannt war, iſt in dem Sprichworte: Natura nusquam facit ſaltum enthalten. Die Natur überhüpft bey ihren Anſtalten kein Mittel. Sie hat in dem Syſtem der Weſen keine Lücke (vacuum formarum) gelaſſen. Die natürlichen Veränderungen entſtehen nicht plötzlich, ſondern allmählig, und ununterbrochen auseinander. **

II. Das Geſetz der Sparſamkeit (lex parſimoniae.)

Der Sinn dieſes Geſetzes iſt: Die Natur thut nichts umſonſt. Sie geht immer den kürzeſten Weg. Sie verrichtet alles mit dem geringſten Kraftaufwande. Nie iſt Mangel bey ihr, nie Ueberfluß. ***

III.

III. Das Geſetz der allgemeinen Erhaltung
(lex converſationis vniverſalis.)

Vermöge dieſes Geſetzes kann kein ein-
ziges einfaches Ding ſeiner Exiſtenz durch
die Wirkſamkeit eingeſchränkter Urſachen be-
raubt werden — die Anzahl der Subſtanzen
in der Welt iſt jetzt noch eben ſo groß, als
ſie beym Anfange derſelben war. Nirgends
hat eine gänzliche Vernichtung Platz; Um-
formen und Verwandeln iſt das immerwäh-
rende Geſchäft der Natur. * * * *

* S. Plato im Phoed. c. 15 — 17.

* * Man ſehe Bonnets Betr. der Natur. Reimarus
Abh. über die nat. Rel. IV. 18.

* * * Sind im Thier= und Pflanzenreiche nicht die auf-
fallendſten Ausnahmen von dieſem Geſetze anzutreffen?

* * * * Man ſehe über dieſe Materie Titels Erl. des
Phil. Metaph. 671 — 682.

§. 92.
Von der Möglichkeit mehrerer Welten.

Es kömmt bey der Frage: ob mehrere
d. h. andere von dieſer verſchiedene Welten
möglich ſind, vorzüglich darauf an, ob dieſe
Frage von abſoluter oder hypothetiſcher Möglichkeit ſoll verſtanden werden. Ich ſehe
nicht,

nicht, was uns nöthigen sollte, diese Welt
an, und für sich betrachtet für die einzig
mögliche zu halten. Man müßte nur behaupten wollen, daß diese Dinge, die in
dieser Welt sind, und diese ihre wirkliche
Verbindung die einzig mögliche wäre —
Eine Behauptung, die kaum einem Vernünftigen zu Sinne kommen mag. Allein
dieses hindert nicht, anderer Welten Möglichkeit zu verneinen, wenn man die Frage auf
den Weltschöpfer beziehet. Würden es seine
moralische Vollkommenheiten unmöglich machen, etwas anders, als das Beste wollen
zu können, so würde in diesem Bezuge nur
Eine — die beste Welt möglich, und die
wirkliche müßte die beste seyn. Hierüber
soll der folgende §. 93. Aufschluß geben.

§. 93.

Optimismus.

Die Lehre von der besten Welt, die
unter dem Worte: Optimismus verstanden
wird, ist eine Lehre, die sich nicht nur durch
ihr Alterthum, sondern auch durch das Interesse, und den wohlthätigen Einfluß, den
sie auf das menschliche Herz hat, vorzüglich
empfiehlt. Schon unter Plato's Lehrsätze
gehört die Behauptung, daß die gegenwärtige
Welt die möglich beste seyn müsse.* Vorzüglich

züglich aber waren unter den ältern Philosophen für die Aufrechthaltung dieses Lehr-
satzes die Stoiker eingenommen. ** Am
wichtigsten sind jedoch Leibnitzens Bemühungen um die beste Welt. *** Was das praktische Interesse, so dieser Frage eigen ist,
betrifft, so erhellet von selbst, daß sie einer-
seits die erhabensten Begriffe von der Güte
des Schöpfers erzeugen; andererseits aber
zu unserer selbst eigenen Zufriedenheit das
Meiste beytragen müsse.

Allein immer mag sie alt seyn — diese
Lehre; immer beseligend ihr Einfluß: ist sie
darum auch schon gewiß? — Die Gewißheit (und müssen, und können wir denn
überall vollständige Gewißheit erlangen?
Genug, wenn hohe Wahrscheinlichkeit in
Fragen, die außer aller Erfahrung liegen,
uns zu Theile wird) die Gewißheit, oder
allen Falls die Wahrscheinlichkeit muß aus
andern Gründen hergeleitet werden. Zu
diesem Ende wollen wir untersuchen:

I. Was heißt der Ausdruck: die beste
Welt? Da eine jede — mögliche
Welt endlich seyn muß, und alles Endliche beschränkt ist; so können, und
dürfen wir uns unter dem Ausdrucke:
die beste Welt nicht ein unendlich
voll-

vollkommenes Wesen denken. Dieser Ausdruck bezeichnet überhaupt so eine Welt, welche soviel Realität in sich enthält, als nur irgend eine mögliche Welt haben kann. Hieraus folget,

1. daß eine jede Welt — auch die beste und vollkommenste Welt, nur eine Mischung von Gutem, und Bösem bleibe, und daß alles Uebel von keiner Welt ganz abwesend seyn könne. ****

2. Daß dem ungeachtet zum Begriffe der besten Welt nothwendig gehöre α) die möglichgrößte Anzahl genießungsfähiger Wesen; β) die möglichgrößte Summe, und Mannigfaltigkeit der genießbaren Güter; γ) die möglichbeste Ordnung, und Verknüpfung der erforderlichen Mittel, diese Güter für jene Wesen zu zubereiten, und sie ihnen genießen, und empfinden zu machen.

II. Woher sollen wir für den Satz, daß diese Welt die beste sey, die Beweisgründe nehmen? — Entweder aus Erfahrung, oder aus Begriffen. Der Beweis aus Erfahrung dürfte schwer
lassen;

laſſen, oder vielmehr für Menſchen, wie wir ſind, unmöglich ſeyn. Denn er ſetzt voraus, daß wir das Univerſum nach allen ſeinen Theilen, und die innerſte · Verkettung aller dieſer Theile aufs genauſte kennen. Vermag dieſes wohl ein Sterblicher? Der Beweis aus Begriffen (wenn doch, was wir von dem höchſten Weſen zu wiſſen glauben, nicht leerer Schein, und eitle Täuſchung iſt) iſt leichter, befriedigender, ja der einzige, wodurch für oder wider die Wirklichkeit der beſten Welt ſich etwas feſtſetzen läßt.

III. Wie lautet dieſer Beweis aus Begriffen? — Man kann ihn directe oder indirecte führen. Der directe Beweis kann ſo lauten: Eine Wahl ohne Beweggrund widerſpricht der unendlichen Weisheit, und das minder Gute dem Beſſern — das Unvollkommenere dem Vollkommeneren vorziehen iſt von der höchſten Willensvollkommenheit nicht gedenkbar; Gott, der dieſe Welt wirklich machte, zog ſie eben dadurch ieder andern möglichen, und gedenkbaren Welt vor; alſo muß ſie beſſer, muß vollkommener als iede andere gedenkbare ſeyn, d. h. ſie muß ſo viele Realitäten

Stöger, Metaph.   P   haben,

haben, als nur irgend eine Welt haben
kann, oder sie muß die beste seyn. *****
Der indirecte Beweis ist dieser: Entweder kannte Gott die beste Welt
nicht; oder wollte, oder konnte sie nicht
erschaffen: das erste streitet mit seinem
unendlichen Verstande; das zweyte mit
seiner unendlichen Güte; das dritte mit
seiner unendlichen Macht.

Mir scheinen diese Gründe zureichend
zu seyn, den Satz von der besten Welt wenigstens höchst wahrscheinlich, wo nicht gewiß, und evident zu machen. Aber vergeß-
sen muß man nie, daß die Behauptung von
der besten Welt, wenn sie wahr seyn soll,
nur soviel sagen wolle, das diese Welt als
wirkliche Welt genommen, und ihrer Tota-
lität nach, und von Seite des Schöpfers
betrachtet die vollkommenste sey. Eine Menge von Einwendungen fällt weg, wenn man
diesen Gesichtspunkt nie aus dem Auge verliert. Doch wir wollen die beträchtlichsten
vernehmen.

* V. Timaeus p. 305. Θεμις ουτ᾽ ην, ουτ᾽ ἐϛι
τῳ αριϛῳ δραν ἀλλο πλην το καλιϛον.
Wenn ich nicht irre, so liegt dieser Gedanke schon
in den Kernsprüchen des Thales, die uns Diog.
Laert. L. I. C. I. n. 9. aufgezeichnet hinterlassen
hat.

tat. Dort heißt es: Πρεσβυτατον των ον-
των, Θεος· αγεννητον γαρ· κ ακλιςου,
κοσμος· ποημα γκρ Θεου etc.

** S. Cic. de nat. Deorum L. II. c. 34. Ex iis natu-
turis, quae erant, quod effici potuit, optimum ef-
fectum est. Doceat ergo aliquis, potuisse melius.
Sed nemo vnquam docebit; et si quis corrigere aliquid volet, aut deterius faciet, aut quod fieri non
potuit, desiderabit. Item *Antonin.* L. V. c. 8. L.
XII. e. 5.

*** V. Oper. omn. Tom. II. P. I. p. 328 — 333.

**** Herr von Leibnitz unterscheidet in seiner Theodicee
ein dreyfaches Uebel — das metaphysische, physische, und moralische Uebel. Zur Erklärung des
vorliegenden Satzes wird diese Eintheilung gute
Dienste thun.

Anmerk. Die beissendste Satyr auf die Lehrmeinung von
der besten Welt ist Voltärs Kandide. Wenn lächerlich machen, und refutiren Eines und das Nämliche wären, so wäre diese Meinung vollkommen
widerlegt. Allein wer kennt in diesem Puncte
Voltärs ganz eigene Gabe nicht? — Ich berufe
mich hier auf Mendelssohns Urtheil: „Bey Seite
gesetzt, sagt der deutsche Philosoph, daß der Dichter
im Grunde die Vorhersehung belogen, und in einem
kleinen Bezirke von Raum und Zeit mehr Böses
zusammengepreßt hat, als sich wahrscheinlicher Weise
jemahls in einem solchen zugetragen; bey Seite gesetzt, daß er in diesem kleinen Bezirke selbst das

Gute

Gute verschweigt, das nach den Gesetzen der Natur
mit dem von ihm erdichteten Bösen verbunden seyn
muß; auch dieses nicht gerechnet, daß er die Gabe
verräth — um die wir ihn gewiß nicht beneiden,
die Gabe, der unschuldigsten Sache den Anstrich des
Bösen zu geben, und, so zu sagen, eine Hölle zu
finden, wo Gott ein Paradies gepflanzt hat: alle
seine Vordersätze vielmehr zuzugeben, und die Wahrheit der Begebenheiten eingestanden, möchte ich
wissen, was wir daraus schliessen sollen? Etwa daß
eine vollkommenere Welt möglich sey? Daß diese
unermeßliche Körper- und Geisterwelt nach physischen
und moralischen Gesetzen regiert werden könne, die
auf keinem Winkel ihrer Theile solche Uebel zulas-
sen, als im Kandide beschrieben werden? Dieses
wäre offenbarer Unsinn, oder, welches mancher
vielleicht mehr scheuet, höchst lächerlich. Bedenken
Sie, wie Voltaire sich geberdet, wenn ein mittel-
mäßiger Journalist eines seiner Trauerspiele tadeln
will, und er sollte sich gegen den Schöpfer mehr
erlauben als Freron gegen sich? S. Mendelsohns
phil. Schriften III. Gespr.

§. 94.
Einwendungen.

Diejenigen Philosophen, welche diese
Welt nicht für die beste; aber doch für vollkommen in ihrer Art halten, machen wider
die Behauptung der besten Welt vorzüglich
folgende Einwendungen:

I.

1. „Der Zweck der Schöpfung ist die Bekanntmachung der Vollkommenheiten des Schöpfers; folglich verdient nur jene Welt den Nahmen der vollkommensten oder besten, welche diese Vollkommenheiten im höchsten Grade bekannt machet: da diese Vollkommenheiten unendlich sind; eine jede Welt aber endlich ist, so kann dieses keine Welt bewerkstelligen; folglich verdient keine, also auch diese Welt nicht den Nahmen der vollkommensten — der besten Welt.“ *

Antw. Angenommen indessen, daß der Zweck der Welt die Bekanntmachung der Vollkommenheiten des Schöpfers; und vollkommen eingestanden, daß jede dieser Vollkommenheiten unendlich, jede Welt aber endlich sey: so frage ich, was hieraus folge. Nicht wahr, daß eine Offenbarung der Vollkommenheiten Gottes im höchsten d. i. unendlichen Grade durch endliche Welten etwas Unmögliches, und folglich ein unerreichbarer Zweck ist, den die höchste, alles befassende Vernunft nicht wählen kann? Folglich muß jede, auch die beste Welt nur eine Bekanntmachung dieser Vollkommenheiten in einem bestimmten Grade zum Zwecke haben.

haben.   Soll hier kein letztes Glied nicht gedenkbar seyn? Und wo sind die Beweise, daß
diese wirkliche Welt,   die der Schöpfer jeder
andern möglichen vorzog, dieses Glied nicht
ausmacht?   S. Feders Metaph. dritt.
Hauptst. Kosmologie 72 §. Anmerk. lit. c.

2. „Die Gründe, worauf sich die Behauptung von der besten Welt stützet, heben
die Freyheit des Schöpfers auf; denn
diesen Gründen zu Folge kann Gott
nur das Vollkommnere wollen, und
seine Wahl muß immer auf das Bessere
fallen; also wählt er niemals mit Freyheit."

Antw.   Die Nothwendigkeit, immer das
Bessere wählen zu müssen, ist nicht eine absolute, sondern eine bloß hypothetische Nothwendigkeit, welche eintritt, nachdem das Unendliche, unabhängige Wesen, dessen Glückseligkeit keines Zuwachses von Außen bedarf, von
Außen keinen Zuwachs erhalten kann, den
Entschluß schon gefaßt hat, das Mögliche
wirklich zu machen.   Diese Nothwendigkeit,
die nur Folge des gefaßten Entschlusses (necessitas consequens) nicht aber Ursache desselben
(necessitas antecedens) ist, kann sie wohl der
Freyheit schaden? Nach meinen Begriffen
tretten wir Gottes Vollkommenheiten niemals

mehr

mehr zu nahe, als wenn wir menschliche
Schwachheiten, die wir aus Irrthum für
Vollkommenheiten halten, auf das höchste
Wesen übertragen. Und dieses thun wir,
wenn wir dafürhalten, daß unter die wesent=
lichen Freyheitsrechte gehöre, das minder
Gute dem Besseren — das Unvollkommnere
dem Vollkommneren vorziehen zu können.

3. „Gottes Allmacht ist erschöpft, wenn die
  Beßte aller möglichen Welten die ge=
  genwärtige Welt ist. Denn sie ist nun
  das Non plus vltra der Werke, welche
  die Allmacht hervorzubringen vermag.‟

  Antw. Eine bessere Welt, als die mög=
lich beste ist ein Unding, eben so, als ein
Dreyeck mit vier Winkeln. Erstrecket sich
wohl die Allmacht auf das Unmögliche —
kann, oder soll sie sich bis dahin erstrecken?
Man mache es also der Allmacht nicht zum
Vorwurfe, wenn sie nicht wirklich machen
kann, was seinem Begriffe nach unfähig ist,
wirklich zu seyn. Auch das Wort: erschöpft
ist hier sehr übel angebracht. Der Allmäch=
tige ist es, der die Welt immerfort erhält;
und diese Erhaltung, die eine continuirte
Schöpfung ist, ist zugleich der redendste Be=
weis der noch nicht erschöpften, und nie zu
erschöpfenden Allmacht. *●

? S. Storchenau Cosm. Sect. II. C. III. §. 81.

** Dieſer Einwurf wird von jenen gemacht, welche die gegenwärtige Welt für die beſte in ihrer Art (mundum in ſuo genere perfectiſſimum) halten. Dachten dieſe Herren wohl daran, wie leicht ſich dieſer Grund, womit ſie eine andere Meinung zu widerlegen ſuchen, zur Vernichtung ihrer eigenen anwenden läßt?

§. 95.
Vom Zwecke der Schöpfung.

Die bisherigen Unterſuchungen führen ganz natürlich auf die Frage: was der eigentliche Zweck der Schöpfung ſey? Ausführen will ich dieſe Frage in einem andern Orte; indeſſen iſt meine Antwort: Dieſer Zweck iſt Genuß der höchſten Gottesgüte; das Mittel hiezu iſt Beweiſung, und Offenbarung ſeiner Vollkommenheit: das Reſultat Glückſeligkeit der Geiſter.

* S. Philothee, oder die erſten Lehren der Religion II. Th. 12. Geſpräch Güte Gottes.